LE DISCIPULAT COMMENCE PAR LA CONTEMPLATION

SAMUEL WHITEFIELD

ONE KING PUBLISHING

Le discipulat commence par la contemplation

Par Samuel Whitefield

Titre original : *Discipleship begins with beholding*

Traduit de l'anglais par Thierry Chevalley

Publié par OneKing Publishing

Boîte postale 375

Grandview, MO 64030

Courriel : contact@oneking.online

Web : https://oneking.online

Dédié à l'église locale - le creuset que le Seigneur a établi pour former un peuple pour lui-même.

TABLE DES MATIÈRES

INTRODUCTION

Notre tâche principale, dans le temps présent,[1] est de faire des disciples :

> *Jésus s'approcha et leur dit : « Tout pouvoir m'a été donné dans le ciel et sur la terre. Allez [donc], faites de toutes les nations des disciples, baptisez-les au nom du Père, du Fils et du Saint-Esprit » (Matthieu 28 : 18-19).*

Il est facile de se laisser entraîner dans des activités « chrétiennes » qui ne font pas du peuple de Dieu des disciples et qui par conséquent ne produisent que peu de résultat. Et elles sont nombreuses. Nous devons faire face au fait qu'une bonne partie de notre ministère moderne est, selon les mots de Shakespeare :

> « Pleine de bruit et de fureur qui ne signifie rien. »[2]

Chaque croyant doit se poser deux questions fondamentales :

---

1. Note du traducteur : l'auteur utilise « temps présent » du dyptique, temps présent, temps à venir, voir Hébreux 9 : 9. Cela représente toute la période de ce côté-ci de l'Eternité.
2. William Shakespeare, *Macbeth*, Acte 5, Scène 5, ligne 28-30.

1. *Notre ministère*[3] *produit-il des disciples ?* Il peut créer
   beaucoup d'activités, mais s'il ne contribue pas à faire des
   disciples, il doit être réorienté. Certains réduisent la tâche
   de la mission à l'évangélisation, mais ce n'en est qu'une
   petite composante. Vous ne pouvez pas terminer la tâche
   de la mission en évangélisant. La tâche missionnaire est la
   tâche du discipulat.[4]

2. *Savons-nous ce qu'est le discipulat biblique ?* Tragiquement, la
   définition biblique du discipulat est souvent réduite à
   recevoir une information ou à adopter un certain
   comportement. Mais le discipulat est un processus qui
   produit un peuple communautaire[5] qui est comme Dieu.

Le discipulat est la tâche principale de l'Eglise, nous devons donc connaître son essence et comment le mettre en pratique selon la Bible.

Vous ne pouvez pas construire une maison si vous ne savez pas quel genre de maison vous devez construire, et vous ne pouvez pas faire correctement des disciples si vous ne comprenez pas ce que Dieu désire dans ce temps présent et comment il veut le produire. Le dessein de Dieu, pour ce temps-ci, peut être résumé par deux thèmes principaux :

- Dieu a conçu ce temps présent pour se révéler en la
  personne de Jésus.

---

3. Tout croyant a un ministère selon le Nouveau Testament. Cette question nous concerne donc tous, et pas seulement ceux qui sont employés par une Eglise ou une organisation chrétienne. En fait ceux qui exercent un « ministère » vocationnel le font afin que tous les croyants puissent exercer leur ministère (Ephésiens 4 : 12).

4. Note du traducteur : d'origine anabaptiste, le mot « discipulat » exprime le processus par lequel les disciples de Jésus apprennent à lui ressembler. Ce mot devient usuel dans les milieux évangéliques.

5. Note du traducteur : l'auteur rajoute le qualificatif « communautaire » à « peuple ». Nos sociétés étant si individualistes, ce qui semble être le cas « par définition » du mot peuple, ne l'est finalement pas toujours « par expérience ».

- Dieu a conçu ce temps présent pour former un peuple qui deviendra son Epouse.

Si nous ne comprenons pas ces deux thèmes et l'engagement ferme de Dieu à produire une Eglise mature, nous ne pouvons pas faire correctement des disciples.[6] Ces deux thèmes soulèvent une question importante : *comment faisons-nous cela ?* Ce livre aborde le fondement biblique qui doit sous-tendre toutes nos méthodes de discipulat afin que nous produisions ce que Dieu désire.

Si nous mettons en œuvre des outils pour le discipulat, sans saisir l'objectif fondamental de ces outils, nous ne pourrons pas les adapter et les utiliser de manière efficace. Par exemple, les charpentiers utilisent fréquemment des marteaux pour enfoncer des clous. Cependant : imaginez un jeune garçon qui veut devenir comme eux, charpentier, et qui les regarde en train d'utiliser leur marteau. Dans son désir de construire, ce jeune garçon s'en procure un et commence à taper un peu sur tout, s'imaginant qu'il construit quelque chose alors qu'en fait il ne fait que du bruit. Il utilise l'outil, mais sans idée claire du but précis de l'outil, il passe son temps à marteler sans toutefois construire quoi que ce soit.

Le discipulat peut facilement se résoudre à cela. Nous finissons par utiliser les outils mais perdre de vue leur raison d'être. Si nous « martelons » dans nos églises mais que nous ne construisons pas ce que nous sommes censés construire ou que nous ne consultons pas les « plans » bibliques qui nous ont été donnés, alors nous n'utilisons pas nos outils correctement. De nombreuses personnes commencent la vie de disciple par de l'information, des habitudes et des disciplines. Ce sont tous des « outils » importants, mais s'ils deviennent le centre du discipulat plutôt que les outils qui y contribuent, elles s'égarent rapidement.

Il existe de nombreux ouvrages de grande valeur sur les outils du discipulat, et ce livre n'est pas exhaustif sur le sujet. Ce livre se

---

6. Ces deux thèmes sont si essentiels qu'ils sont développés dans un autre livre : « What does God wants? Aligning your life with God's desire. » Il va de pair avec ce livre.

concentre sur la fondation qui doit sous-tendre tout discipulat mais qui est souvent négligée. Elle nous donne le cadre du discipulat par le contexte qu'elle établit, nous informant ainsi sur la façon d'utiliser ces outils.

Il commence par la contemplation

Le discipulat doit commencer par la connaissance de Dieu et la révélation de sa beauté en la personne de Jésus.

Si le discipulat commence à tout autre endroit, il peut accomplir des choses intéressantes, mais il a perdu de vue le cadre biblique de la formation de disciples. Nous avons résumé le dessein de Dieu pour ce temps présent en deux thèmes principaux : (1) la révélation de Dieu et (2) la formation d'un peuple.

Ces deux thèmes exigent un peuple qui contemple la beauté de Dieu.

Si nous ne concentrons pas notre vie sur la révélation de Dieu, nous ne sommes pas en phase avec le but premier de Dieu pour ce temps présent. En outre, si nous ne contemplons pas Dieu, nous ne connaissons pas l'image à laquelle nous sommes destinés à ressembler. Nous ne sommes pas appelés à être simplement un peuple « moral ». Nous ne sommes pas appelés à *nous comporter comme* Dieu ; nous sommes appelés à *devenir* comme Dieu.

Afin d'éviter toute hérésie, nous devons d'emblée établir fermement deux convictions : nous ne deviendrons jamais divins, et nous ne serons jamais adorés. Cela étant dit, le Nouveau Testament est très clair : Dieu veut que les humains deviennent comme lui, bien plus que ne l'imaginent de nombreux croyants. Nous avons une vision bien trop petite de la vie chrétienne. Jésus est vraiment le premier-né de nombreux frères qui lui ressembleront.[7]

Comment pouvons-nous devenir comme Dieu si nous le connaissons à peine ? Comme nous le verrons, les humains sont conçus de façon à ce qu'ils deviennent ce qu'ils contemplent. Dieu a donné à l'Eglise des

---

7. Romains 8 : 29.

ministères-dons pour que nous puissions contempler Dieu et devenir comme lui. Voici ce dont les gens ont besoin de chaque ministère :

- Pasteurs - Donnez-nous Dieu. Laissez-nous le contempler. Laissez-nous le voir.
- Directeurs de louange - Donnez-nous Dieu. Laissez-nous le contempler. Laissez-nous le voir.
- Enseignants - Donnez-nous Dieu. Laissez-nous le contempler. Laissez-nous le voir.
- Parents - Donnez-nous Dieu. Laissez-nous le contempler. Laissez-nous le voir.
- Ministères - Donnez-nous Dieu. Laissez-nous le contempler. Laissez-nous le voir.

Si nous ne donnons pas Dieu aux gens, notre discipulat n'est pas sur la bonne voie - il n'est pas établi sur le fondement biblique. Voyons comment le garder sur la bonne voie. Nous commencerons par expliquer pourquoi le discipulat doit commencer par la contemplation et nous terminerons par quelques moyens bibliques pour le contempler.

PARTIE I

CELA COMMENCE PAR LA CONTEMPLATION

1

LE DISCIPULAT COMMENCE PAR LA CONTEMPLATION

LA SECONDE LETTRE de Paul aux Corinthiens résume l'approche néo-testamentaire du discipulat :

> *Nous tous qui, sans voile sur le visage, contemplons comme dans un miroir la gloire du Seigneur, nous sommes transformés à son image, de gloire en gloire, par l'Esprit du Seigneur (2 Corinthiens 3 : 18).*

Le discipulat commence lorsque le peuple de Dieu contemple communautairement la gloire de Dieu sur le visage de Jésus.

Ce modèle de discipulat était la méthode de Dieu depuis le commencement, et si nous négligeons cette contemplation collective, nous ignorons le modèle biblique. Par conséquent, nous devons nous demander si nos méthodes de formation de disciples suivent ce modèle.

Nous ne devons pas réduire le discipulat à l'acquisition d'informations. Apprendre de nouvelles informations n'est pas du « discipulat » : c'est un apprentissage. L'apprentissage est une partie précieuse du processus de la formation de disciples, mais ce n'est pas du disci-pulat à moins que les nouvelles informations nous permettent de contempler le Seigneur et d'être transformés à son image. Malheureusement, de nombreux programmes de « formation de disciples » sont en réalité des cours destinés à communiquer des informations. En conséquence, en particulier dans les cultures qui valorisent la connaissance, nous nous imaginons que nous avons une maturité que nous n'avons pas. Nous avons simplement acquis de l'information.

Le discipulat ne doit pas non plus être réduit à une modification du comportement. Le comportement est important et, avec le temps, il peut être un test décisif de notre réponse au Seigneur, mais il existe de nombreuses manières différentes de modifier un comportement. Il est tout à fait possible de mener une vie disciplinée et d'adopter un comportement moral sans contempler Dieu ou le connaître. Nous sommes appelés à *devenir* comme Jésus, pas seulement à *agir* comme lui.

> *Si nous mettons l'accent sur le comportement plutôt que sur la connaissance de Dieu, nous risquons de former des « disciples » qui entendront le Seigneur dire : « Je ne vous connais pas », car il est possible de se comporter correctement et même d'agir avec une puissance spirituelle sans devenir comme Jésus.*[1]

Le but du discipulat est de manifester Dieu au sein d'un peuple, tout comme il s'est manifesté en Jésus. Bien que Jésus seul soit la pleine révélation, Dieu veut un peuple qui lui ressemble. Si votre approche du discipulat vise autre chose, elle est désynchronisée. Il ne suffit pas d'apprendre un comportement chrétien (ce qui est utile), nous devons devenir comme lui. Le but de notre vie dans ce temps présent est de devenir comme Jésus, mais nous ne pouvons pas devenir comme quelqu'un que nous ne connaissons pas.

2 Corinthiens 3 : 18 résume l'approche de Paul en matière de formation de disciples, et elle nous a été transmise comme paradigme de discipulat pour nos propres communautés ecclésiales

---

1. Matthieu 7 : 21-23

locales. Avant d'examiner ce paradigme en profondeur, nous devons en considérer certaines de ses implications.

Le discipulat devrait alimenter la fascination

La beauté produit de la fascination, et la fascination est le meilleur moyen de transformer une personne.

Prenons l'exemple d'un jeune homme amoureux. Les parents, les professeurs, les mentors et les amis peuvent supplier un jeune homme de changer certaines habitudes et d'adopter certaines disciplines pendant des années, sans grand effet. Cependant, lorsqu'un jeune homme est séduit par la beauté d'une jeune femme, soudainement tout change. Il se concentre sur son avenir. Il adopte avec enthousiasme certaines disciplines. Son style de vie se modifie radicalement. Sa vie entière revêt une nouvelle intentionnalité. En un instant, il opère les changements que ses parents et ses mentors lui ont demandé de faire pendant des années.

La fascination produit la transformation.

La fascination produit aussi l'imitation. Un jeune homme amoureux s'intéresse soudainement à des choses qu'il n'avait jamais envisagées auparavant. Il commence à assister à de nouveaux événements et à avoir de nouvelles conversations. La fascination pour une femme produit l'imitation, car aimer une personne, c'est en partie apprécier ce qu'elle apprécie. Le plaisir qu'il éprouve pour elle modifie ses désirs et son style de vie. Si l'amour grandit, il fera volontairement et joyeusement le sacrifice ultime du mariage.

Le mariage lui demandera d'éliminer de nombreuses options, de couper certaines relations et de réorienter tout son style de vie. Il n'aura plus le même temps libre qu'il avait auparavant. Il perdra probablement plusieurs amis. Il assumera de nouvelles responsabilités et perdra sa liberté. Pourquoi un jeune homme renoncerait-il volontiers et avec plaisir à sa liberté pour s'engager dans une vie étroite qui exercera une grande exigence sur son emploi du temps, son argent et ses forces ? Un mot le décrit : *la fascination*.

La fascination est la clé d'un sacrifice volontaire et durable, et cela ne se limite pas à l'amour. Lorsque les gens se lancent dans un nouveau passe-temps ou une nouvelle activité, ils réagissent de la même manière. Ils dépensent de l'argent intentionnellement. Ils trouvent des amis qui partagent leur intérêt. Ils passent des heures à s'investir dans leur nouveau hobby. D'autres trouvent leur fascination étrange, mais cela ne les dérange pas car leur cœur est captivé. La même chose se produit quand quelqu'un s'adonne à un sport ou à toute autre activité.

C'est ainsi que le cœur humain est fait, et c'est le modèle du discipulat biblique. Nous « voyons » quelqu'un qui est beau. Il nous fascine. Puis, nous réorientons joyeusement et avec plaisir notre vie pour contempler davantage cette Personne et désirer faire partie de son peuple.

Les mariages se dégradent lorsqu'il n'y a plus de plaisir à être avec le conjoint ni de fascination pour lui, et il en va de même pour les églises. Nous ne voulons pas que les églises soient remplies de personnes qui font ce qu'il faut et qui participent à la vie de l'église, mais qui n'éprouvent aucun plaisir en Dieu.

Si les gens adoptent certains rythmes et s'engagent dans certaines disciplines mais ne sont pas fascinés, alors ils n'ont pas appris à être disciples.

Considérez les personnes qui aiment courir. Elles vont naturellement se réunir. Elles vont discuter de la course à pied. Elles achètent de nouvelles chaussures et partagent des connaissances sur la course à pied. Mais, par-dessus tout, elles courent régulièrement. Certaines courront plus que d'autres, mais elles trouveront un lien commun dans leur pratique de la course à pied. Si nous avons des personnes qui aiment apprendre sur Dieu mais qui n'aiment pas réellement le contempler et s'attacher à ce qu'il valorise, alors elles ne sont pas encore disciples. Elles sont comme des coureuses qui se documentent sur de nouveaux équipements de course et discutent de la course à pied, mais ne courent jamais.

Si une personne lit des articles sur la course à pied mais ne court pas, elle a besoin qu'un autre coureur lui enseigne la course à pied et l'amène à expérimenter les plaisirs de la course. Une personne qui découvre la course à pied doit provoquer des modifications sur son corps. Elle doit faire travailler de nouveaux muscles et surmonter la douleur initiale qui survient lorsqu'une personne qui n'a jamais couru commence à le faire. Elle devra développer la capacité de courir de longues distances. Elle sera probablement confrontée au découragement. De la même manière, le discipulat est un processus. Les capacités et les désirs d'une personne doivent être remodelés. Elle peut se décourager. C'est normal – le discipulat est un processus, et nous devons nous y engager.

Les nouveaux croyants ont besoin de croyants matures qui contemplent la beauté de Jésus et qui peuvent les amener à grandir dans la contemplation et la fascination. Mais, si les « adultes » de nos églises ne sont pas fascinés, comment peuvent-ils en discipuler d'autres ? Et sont-ils vraiment « matures » ? Nous nous sommes habitués à l'idée que l'amour romantique s'étiole et perde de sa passion à mesure que les conjoints vieillissent. Cependant, c'est l'effet du péché. Ce n'est pas le plan originel. Les croyants matures devraient être plus intimes avec le Saint-Esprit que les nouveaux croyants, et le fruit de l'intimité avec l'Esprit est la fascination pour Jésus.

Peut-être devrions-nous mesurer la maturité dans l'Église par la fascination, le désir croissant et l'habitude de contempler la beauté de Dieu en la personne de Jésus.

Lorsqu'une personne vient à Jésus pour la première fois, elle est tellement captivée par Jésus que sa vie commence à changer. Ses relations, ses habitudes, ses dépenses, ses loisirs et la façon dont elle passe son temps commencent à changer. Elle est généralement avide d'apprendre tout ce qu'elle peut sur Jésus parce que ses yeux ont soudainement été ouverts à sa beauté. Nourrissons-nous ce désir pour Jésus ou le satisfaisons-nous avec d'autres choses ? Nos méthodes de discipulat alimentent-elles le désir de connaître Jésus, ou satisfont-elles ce désir par de nouvelles activités ?

Des saisons de difficultés, de souffrances, de défis, de solitude et même de découragement peuvent survenir dans la vie chrétienne. Il y aura des moments où il sera difficile de contempler la beauté de Jésus. Cependant, au fil des années et des décennies, notre vie devrait être une découverte permanente de la beauté de la personne de Jésus. Nous ne devrions pas croire que nous sommes si « matures » qu'en fin de compte nous nous retrouvons à moins désirer contempler l'Homme divin qu'un nouveau croyant.

Nous devons appeler les gens à un dévouement, une dévotion et un sacrifice profonds. Toutefois, cela doit se faire dans le contexte de la beauté et de la fascination. Les personnes qui sont fascinées par Jésus se sacrifieront volontiers bien plus que celles qui se dévouent sans fascination. Si nous enseignons aux gens à être dévoués alors qu'ils ne sont pas captivés par la beauté de Jésus, ils deviendront religieux dans leurs habitudes, mais ce n'est pas cela être disciple. C'est une forme d'hypocrisie.

La logique ne suffit pas à produire un peuple mature. Le péché est trop trompeur, et le cœur humain n'est pas un robot. Le cœur humain n'est pas premièrement rationnel et logique. Il aspire à la beauté.

La contemplation est communautaire

Nous sommes transformés lorsque *tous,* nous contemplons le Seigneur. Il est important de contempler le Seigneur personnellement, mais nous devons aussi le contempler ensemble. Les églises devraient réfléchir à la manière de créer un rythme continu et durable de contemplation collective. L'Eglise devrait se réunir régulièrement pour contempler la beauté de Jésus et répondre à cette beauté de manière communautaire. En fait, tout ministère communautaire devrait conduire à la contemplation.

Ceci est fondamental pour la formation des disciples car la vie chrétienne est une expérience collective qui se vit en communauté. Les chrétiens ne peuvent atteindre la pleine maturité en menant des vies isolées et individualistes. Comme l'a dit un ami, Jésus n'est pas polygame. Il ne cherche pas des millions « d'épouses » qui l'aiment individuellement. Il cherche une seule et même épouse, un peuple qui a été formé ensemble pour être son Epouse.[2]

Parce que Jésus cherche un peuple, et pas seulement des

---

2. Plus sur ce sujet dans le livre : What does God wants ? Aligning your life with God's desire.

individus, le discipulat doit être un processus communautaire où nous devenons matures *ensemble*. Dieu ne se révèle pas dans son entièreté à une seule personne. Il y a des aspects de sa personne que vous ne rencontrerez qu'à travers une autre personne du corps. Il y a des choses dont le Seigneur ne vous parlera qu'à travers une autre personne de ce même corps. Nous ne pouvons pas être complets en Jésus en nous-mêmes et par nous-mêmes. Certains aspects du disci-pulat ne sont possibles que lorsque nous le contemplons ensemble et que nous commençons à vivre ensemble à l'image de ce que nous avons vu.

Votre église ou votre petit groupe se réunit-il pour le contempler ensemble ?

La transformation doit être l'objectif

Dieu n'est pas devenu homme pour améliorer votre vie - Il est venu pour vous rendre semblables à lui.

Toute approche du discipulat qui n'a pas comme but final de devenir comme Dieu, n'est pas un vrai discipulat biblique. Du fait que la transformation à la ressemblance de Dieu est le but, l'Eglise s'égare lorsqu'elle est composée de personnes douées et dévouées qui ne sont pas fascinées par la beauté de Dieu et ne cherchent pas la transformation à son image. Un discipulat réussi produit un peuple qui devient semblable à Dieu. Tout autre accomplissement ne sera qu'au mieux secondaire.

Souvent, nous essayons de convaincre les gens de ressembler à Dieu alors qu'ils ne l'ont pas vu. Si nous contemplons ensemble la beauté de Dieu et le voyons tel qu'il est, cela confrontera notre comportement et nous conduira à devenir comme lui.

Si vous ne contemplez pas Dieu, vous finirez par mesurer le succès en fonction de ce que vous contemplez. En conséquence, de nombreuses églises définissent le « succès » de la même manière que la culture environnante, avec, peut-être, un peu de moralité en plus. Si votre définition du succès est identique à celle de la culture qui vous entoure, elle n'est pas une définition biblique du succès. Au contraire, c'est la preuve que vous regardez toujours le monde et que vous êtes plus captivés par son attrait que par la personne de Jésus.

Lorsque nous contemplons Jésus, la *transformation* plutôt que le succès devient notre objectif, car nous reconnaissons que la Bible ne nous a jamais promis le succès dans ce temps présent, et que Dieu a une définition du succès radicalement différente de celle du monde. En fait, Dieu conçoit parfois des situations qui semblent très « infructueuses » pour produire ce qu'il veut dans son peuple. Il arrive que Dieu orchestre des circonstances dans votre vie pour vous permettre de faire l'expérience de sa propre douleur ou pour produire quelque chose qui ne peut être produit d'aucune autre manière.

Dieu utilisera tout, dans nos vies, pour produire une transformation - même nos plus grands échecs. Pierre en est l'un des plus grands exemples. Pierre a été appelé à être un berger, mais il était effronté, fier et fort. Puis, lorsque Jésus a été trahi, Pierre a publiquement renié Jésus trois fois, parce qu'une servante l'avait interpellé. Ce fut un échec public humiliant pour un homme qui avait promis de mourir avec Jésus.[3]

Jésus a poursuivi Pierre après son échec. Il lui a demandé à trois reprises : « M'aimes-tu ? » pour guérir la douleur de ses trois reniements. Chaque fois, Pierre a répondu : « Oui » et Jésus lui a dit : « Alors, pais mes brebis. »[4] L'échec de Pierre aurait dû le disqualifier pour le leadership, mais du point de vue de Jésus, l'échec de Pierre l'a préparé à diriger. Pierre pouvait maintenant conduire les autres avec grâce et patience. Son orgueil avait été brisé, et il allait agir très différemment à partir de ce moment-là. Son plus grand échec l'a fait avancer parce qu'il a coopéré avec Jésus.

Voyez-vous les défis de votre vie - même s'ils sont le produit de vos propres échecs - comme des occasions d'être transformés à l'image de Jésus ?

Beaucoup trop de gens se contentent du succès au lieu de la transformation. Lorsque les gens recherchent le « succès », certains construisent des entreprises impressionnantes et de grands

---

3. Luc 22 : 33 ; Jean 13 : 37.
4. Jean 21 : 15-17.

ministères, mais le succès est loin d'avoir l'impact qu'ils imaginent. D'autres ont le sentiment d'être des ratés parce qu'ils ne réussissent pas selon la définition du monde, alors qu'ils ont peut-être beaucoup plus de succès qu'ils ne le pensent du point de vue de Jésus.

Si nous nous concentrons sur le succès plutôt que sur la transformation, nous serons soit trompés, soit découragés en évaluant nos vies selon des définitions non bibliques du succès. En revanche, si nous nous focalisons sur la transformation, nous pouvons trouver de la dignité dans tout ce qui se passe dans nos vies. Nous ne serons pas séduits si nous semblons avoir du « succès » ou de « l'influence », et nous ne serons pas découragés par nos échecs ou la « petitesse » de nos vies. Dieu peut *tout* prendre, y compris votre fidélité, vos échecs, vos pertes, vos victoires, vos trahisons, vos souffrances et vos joies, et les utiliser pour votre bien et votre transformation.

Vous deviendrez ce que vous contemplez

La révélation de Jésus en tant que plénitude de Dieu connue à travers un homme doit être au centre de tout notre enseignement et de notre ministère car, si nous ne le contemplons pas, nous ne deviendrons pas comme lui.

Parents, enseignez-vous à vos enfants la connaissance de Dieu ou le bon comportement ? Enseignants de la Bible, dans quelle mesure votre enseignement est-il axé sur la connaissance de Dieu en la personne de Jésus ? Responsables de louange et chantres, amenez-vous les gens à contempler Jésus ? Responsables, votre ministère reflète votre vie intérieure. Si vous êtes frustrés par le comportement de vos disciples, cela pourrait-il être le reflet de votre propre comportement ? Si vous ne pouvez pas amener les gens à contempler Jésus, vous devez d'abord réexaminer votre propre vie de disciple. Commencez par cela avant d'apporter des changements à vos programmes.

Si votre ministère n'incite pas les gens à contempler Jésus, vous ne pouvez pas espérer qu'ils deviennent comme lui.

Le principe selon lequel les humains deviennent ce qu'ils contemplent est à la base de l'expérience humaine. Chaque être humain est façonné par la culture et le contexte dans lesquels il est élevé. Il apprend la langue, la culture et les valeurs en contemplant les autres. Il n'est pas nécessaire d'enseigner la culture. Les enfants imitent naturellement ceux qui les entourent. Ils voient et imitent ce qu'ils voient jusqu'à ce qu'ils deviennent ce qu'ils voient.

Pensez à essayer d'enseigner à une personne la culture d'une autre nation uniquement par l'information. Elle peut apprendre des choses, la langue et des aspects de la culture, mais elle ne pourra pas exprimer correctement l'autre culture. Si vous voulez que quelqu'un apprenne une autre culture, vous devez l'immerger dans cette culture. Il faut qu'il y vive pour qu'il commence à imiter naturellement ce qu'il voit. Avec le temps, il ne se contentera pas d'apprendre la langue et les informations, il imitera les aspects les plus subtils de la culture et la reflétera véritablement.

De la même manière, on n'enseigne pas aux enfants leur culture d'origine. Les parents ne sortent pas des livres et n'organisent pas de cours sur la façon de faire partie d'un groupe ethnique. Les enfants voient, observent et sont immergés dans une culture jusqu'à ce qu'ils l'imitent naturellement et en fassent partie. Ils partagent les manières qu'ils ont observées et se comportent de façon très similaire. Un million de petites choses deviennent très naturelles pour eux. En fait, elles deviennent une partie d'eux-mêmes.

Les spécialistes du marketing le savent et dépensent des milliards de dollars dans cette optique. Ils savent que tout ce que vous contemplez et considérez comme précieux, vous chercherez à l'imiter. Ils utilisent des célébrités pour parrainer des produits parce qu'ils savent que le cœur humain veut naturellement imiter ceux qu'il perçoit comme beaux. Les gens dépensent des milliards de dollars pour acheter des chaussures, des vêtements et des équipements pour lesquels les athlètes professionnels sont sponsorisés. En réalité, ces équipements ne feront pas d'eux des athlètes, mais il existe un désir d'imiter ceux que nous idolâtrons.

Au fond, une célébrité n'est pas qualifiée pour savoir quels sont les meilleurs produits, mais les spécialistes du marketing savent que les gens veulent *imiter*, donc ils utilisent des personnes que vous voulez imiter. Bien que les célébrités qui sont sponsorisées ne soient pas qualifiées pour évaluer les produits qu'elles promeuvent et que les vêtements de sport ne fassent pas de meilleurs athlètes, nous aspirons à devenir comme ceux que nous considérons comme beaux. Les entreprises manipulent ce phénomène parce qu'il est profondément ancré dans l'âme humaine, et nous devons comprendre qu'il est le fondement de tout discipulat.

Que contemplez-vous ? Peu importe ce que c'est, vous serez façonnés à son image.

2

LE MODÈLE APOSTOLIQUE

PAUL A RÉSUMÉ *le cœur du discipulat comme étant la transformation par la contemplation communautaire, car sa propre transformation a commencé par la contemplation.*

Le Nouveau Testament met en lumière de manière unique la vie et la pensée de l'apôtre Paul, mais si nous lisons le Nouveau Testament principalement comme un compte rendu historique de Paul et de l'Eglise primitive, nous passerons à côté du message principal. Le récit de la vie et de la pensée de Paul dans le Nouveau Testament, ne nous a pas été donné simplement à titre de document historique. Il nous a été donné pour que nous puissions imiter sa réponse à Jésus.

Paul est plus qu'une figure du passé. Il est un prototype, et nous devons modeler notre recherche de Jésus sur sa recherche.[1] Paul est l'apôtre le plus important du Nouveau Testament, ce qui lui permet de servir de prototype pour plusieurs raisons :

---

1. 1 Corinthiens 4 : 15-16 ; 11 : 1 ; Ephésiens 5 : 1 ; Philippiens 3 : 17 ; 1 Thessaloniciens 1 : 6 ; 2 Thessaloniciens 3 : 9 ; Hébreux 6 : 12.

- Paul a d'abord résisté à l'Evangile. Il était un ennemi de l'Eglise primitive.
- Paul n'a jamais vu ou rencontré Jésus, pour autant que nous le sachions.
- Paul n'était pas l'un des douze disciples de Jésus.
- Paul a travaillé en dehors d'Israël, dans des pays non-juifs.

Si nous comparons la vie de Paul à celle de Pierre ou de Jean, il est vraiment étrange que le Nouveau Testament couvre une si grande partie de la vie de Paul. La plupart d'entre nous auraient mis en évidence la vie de l'un des disciples, mais l'Esprit a mis en évidence la vie de Paul parce qu'elle ressemble davantage à la plupart de nos vies qu'à celles de ceux qui ont marché personnellement avec Jésus. Il est difficile de s'identifier aux disciples mais beaucoup plus facile de s'identifier à Paul. Il est donc un prototype donné afin que nous l'imitions.

La vie de Paul est à la fois un rapport historique sur les débuts de l'Eglise, un modèle de vie pour l'Eglise actuelle et une préfiguration des messagers qui émergeront pour conduire l'Eglise à la maturité à la fin des temps. En réalité, l'ensemble du livre des Actes est un prototype, une préfiguration de l'Eglise victorieuse à la fin des temps. C'est une image de l'Eglise dans le passé et une image de l'Eglise dans l'avenir.[2]

La vie de disciple ne se limite certainement pas à la contemplation de la beauté du Seigneur, mais la contemplation était au cœur du modèle apostolique du discipulat. Si nous sommes appelés à imiter Paul, nous devons comprendre le rôle de la contemplation dans sa vie et sa mission, et cela a commencé avec sa conversion.

---

2. La vie de Paul peut être comprise comme un prototype de l'histoire d'Israël. La Bible prédit qu'après une longue saison de désobéissance, Dieu ramènera Israël à lui-même en se révélant soudainement en la personne de Jésus. Après cette révélation, Israël accomplira la promesse de Dieu de faire de lui une bénédiction pour les nations.

La rencontre de Paul

Paul était un ennemi zélé de l'Evangile, mais il a été soudainement transformé en contemplant la gloire de Dieu sur le visage de Jésus :

> *Quant à Saul, il respirait toujours la menace et le meurtre contre les disciples du Seigneur. Il se rendit chez le grand-prêtre... Comme il était en chemin et qu'il approchait de Damas, tout à coup, une lumière qui venait du ciel resplendit autour de lui. Il tomba par terre et entendit une voix lui dire : « Saul, Saul, pourquoi me persécutes-tu ? » Il répondit : « Qui es-tu, Seigneur ? » Et le Seigneur dit : « Moi, je suis Jésus, celui que tu persécutes. Lève-toi, entre dans la ville et on te dira ce que tu dois faire »* (Actes 9 : 1, 3-6).

Paul était un homme brillant qui connaissait très bien les Ecritures et il était imprégné de théologie. Il adhérait même aux « valeurs judéo-chrétiennes » et il avait beaucoup de points communs avec les chrétiens qu'il persécutait. Dans cette optique, la première réponse de Paul à la beauté de Jésus est assez révélatrice :

> *Il répondit : « Qui es-tu, Seigneur ? » Et le Seigneur dit : « Moi, je suis Jésus, celui que tu persécutes »* (Actes 9 : 5).

Paul connaissait beaucoup d'informations sur Dieu. Il était brillant et avait une capacité intellectuelle incroyable. De plus, il avait été formé par l'un des meilleurs théologiens de son époque, et il connaissait les Ecritures bien mieux que la plupart des chrétiens.

Ce théologien extraordinaire aurait pu facilement donner un séminaire d'une semaine sur le sujet de Dieu, et pourtant, lorsqu'il a contemplé Dieu sur le visage de Jésus, il n'a eu qu'une seule question : *Qui es-tu ?* Paul a découvert que le fait de contempler Dieu est tout à fait différent que de connaître des informations sur lui. Les choses que Paul connaissait ne l'avaient pas conduit à la conversion, mais un moment de révélation a changé sa vie de façon immédiate et permanente.

Le discipulat de Paul a commencé par la contemplation.

Paul était brillant, instruit et bien informé, mais il n'avait jamais contemplé la beauté de Dieu sur le visage de Jésus. En un instant, ce maître théologien n'a pas été sauvé par un meilleur argument ; il a été soudainement transformé lorsqu'il a vu Dieu en la personne de Jésus.

Combien de personnes dans nos églises ont reçu des informations sur Dieu, mais si elles voyaient vraiment la personne de Jésus, elles pourraient aussi s'écrier : « Qui es-tu ? »

La rencontre avec Jésus a bouleversé Paul, il est tombé à terre, et Jésus lui a révélé un autre aspect de sa beauté :

> *Il tomba par terre et entendit une voix lui dire : « Saul, Saul, pourquoi me persécutes-tu ? » (Actes 9 : 4).*

La première chose que Paul a découverte, c'est la profonde identification de Jésus avec son peuple ; Paul avait persécuté Jésus lui-même en persécutant son peuple. Le message était clair : si vous touchez au peuple de Jésus, vous le touchez lui. La douleur de l'Eglise était la douleur de Jésus, et la gloire de Jésus était la gloire de l'Eglise.[3] Par conséquent, la rencontre de Paul avec Jésus était aussi une rencontre avec la gloire de l'Eglise.

La réponse de Paul : « Qui es-tu ? », n'était pas seulement une question sur Jésus, c'était aussi une question sur la nature de l'Eglise.

Transformé par deux révélations

Paul avait déjà entendu tous les arguments théologiques, mais lorsqu'il a vu la beauté de Jésus, il a été soudainement transformé. L'homme qui avait été un instrument de souffrance pour ceux qui aimaient Jésus est soudain devenu prêt à endurer d'immenses épreuves pour l'amour de Jésus et de son peuple. La rencontre de

---

3. Cela n'enlève évidemment rien au caractère unique de Jésus, mais cela élève notre vision de l'Eglise au niveau de la perspective du Nouveau Testament.

Paul a été le début d'une quête de toute une vie pour la connaissance de Jésus.

La beauté de Jésus est infinie, et notre discipulat ne prendra jamais fin. Nous ne dépasserons jamais le besoin de contempler la beauté de Dieu en la personne de Jésus.

Paul a également reçu une révélation de la beauté du peuple de Jésus. Tout au long de ses lettres, Paul n'a cessé de parler de la gloire et de la majesté présentes et futures de l'Eglise.[4] Il était tellement saisi par la gloire de l'Eglise qu'il était à court de mots pour décrire ce qui sera révélé par le peuple de Dieu.[5] Paul avait une vision beaucoup plus élevée de la gloire de l'Eglise que la plupart des chrétiens, et tout a commencé avec sa rencontre dans Actes 9. La gloire de Jésus *et* de son peuple a jeté Paul à terre et l'a complètement transformé.

Paul voudrait que nous lisions Actes 9 et que nous soyons stupéfaits par la beauté de Jésus et la beauté de son peuple. Nous devons avoir une profonde appréciation des deux. Si nous avons l'une sans l'autre, nous avons une révélation incomplète de l'Evangile.

Paul a été transformé en contemplant la gloire du Seigneur sur le visage de Jésus, il a donc compris que c'était le point de départ du discipulat.

La conversion de Paul est venue par révélation, et elle enseigne quelque chose d'important : le travail d'apologétique, qui consiste à défendre le christianisme en l'expliquant et en présentant des arguments raisonnables en sa faveur, a de la valeur, mais il ne constitue pas la base de notre foi. La base de notre foi n'est pas la raison mais la révélation. Nous devrions être prêts à expliquer la vérité de l'Evangile à ceux qui ne le connaissent pas, mais la conversion réelle nécessite une révélation. Elle n'est généralement pas aussi spectaculaire que celle de Paul, mais le cœur humain doit contempler Jésus par l'Esprit pour être transformé.

La contemplation n'était pas seulement la base de la conversion de Paul, elle était aussi la base de son ministère. Lorsque nous

---

4. Romains 6 : 5 ; 8 : 16-19, 29 ; 1 Corinthiens 2 : 9 ; 15 : 49 ; 2 Corinthiens 3 : 18 ; 4 : 10-11 ; Ephésiens 2 : 6, 3 : 19 ; 5 : 27 ; Colossiens 1 : 22, 28.

5. 1 Corinthiens 2 : 9

reconnaissons le rôle que la contemplation a joué dans la vie de Paul, nous pouvons mieux comprendre son exhortation aux Corinthiens selon laquelle la transformation commence par la contemplation communautaire :

> *Nous tous qui, sans voile sur le visage, contemplons comme dans un miroir la gloire du Seigneur, nous sommes transformés à son image, de gloire en gloire, par l'Esprit du Seigneur (2 Corinthiens 3 : 18).*

Dans le chapitre suivant, nous verrons que le concept de transformation par la contemplation n'a pas commencé avec la conversion de Paul. La transformation par la contemplation communautaire a été la méthode de Dieu pour le discipulat dès le début. C'est un modèle aussi ancien que le jardin d'Eden. Les apôtres ont compris ce modèle, et ils ont construit des églises en fonction de ce modèle. Nous devons le redécouvrir[6] et examiner si nous nous sommes éloignés du paradigme de la contemplation.

---

6. Comme nous le verrons par la suite, ce modèle définit des valeurs et non pas une certaine expression. Il y a plein d'expressions différentes de la contemplation communautaire.

3

L'AVERTISSEMENT DU SINAÏ

APRÈS SA CONVERSION SPECTACULAIRE, Paul a fini par se rendre en Arabie.[1] Nous ne savons pas précisément où Paul est allé, mais nous savons que c'est à cette époque que le Seigneur lui a révélé l'Evangile. Tout bien considéré, il est très possible qu'il se soit rendu au mont Sinaï pour chercher le Seigneur, tout comme Elie l'avait fait.[2]

Pourquoi Paul se rendrait-il au mont Sinaï ? La raison en est simple : le mont Sinaï a été le lieu du moment le plus spectaculaire de l'Histoire de la contemplation collective. Nous sommes souvent coupables de minimiser ce qui s'est passé sur le mont Sinaï. La présence de Dieu était *glorieuse*. Vous auriez été terrifiés si vous aviez été là. C'était impressionnant à voir. Le peuple a fait l'expérience d'un feu violent, d'une fumée incroyable, d'une grande nuée, d'éclairs, de tonnerres et d'un tremblement de terre, le tout combiné.

Lorsque Dieu est apparu sur le mont Sinaï, il est venu pour le bien d'Israël, mais il est venu *en tant que Dieu*, et son apparition a été spectaculaire :

---

1. Galates 1 : 15-17.
2. Il est également intéressant de noter que Paul dit être retourné à Damas après s'être rendu en Arabie, et qu'Élie est également venu à Damas après sa visite au mont Sinaï. Voir 1 Rois 19 : 8-18 ; Galates 4 : 25.

Le mont Sinaï était tout en fumée parce que l'Eternel y était descendu au milieu du feu. Cette fumée s'élevait comme la fumée d'une fournaise et toute la montagne tremblait avec violence. Le son de la trompette retentissait de plus en plus fortement. Moïse parlait, et Dieu lui répondait à haute voix. Ainsi l'Eternel descendit sur le mont Sinaï, au sommet de la montagne. L'Eternel appela Moïse à y venir et Moïse monta. L'Eternel dit à Moïse : « Descends avertir le peuple de ne pas se précipiter vers l'Eternel pour regarder, car un grand nombre parmi eux mourraient » (Exode 19 : 18-21).

Tout le peuple entendait les coups de tonnerre et le son de la trompette et voyait les flammes de la montagne fumante. A ce spectacle, le peuple tremblait et se tenait à bonne distance. Ils dirent à Moïse : « Parle-nous, toi, et nous écouterons ; mais que Dieu ne nous parle pas, sinon nous mourrions. » Moïse dit au peuple : « N'ayez pas peur, car c'est pour vous mettre à l'épreuve que Dieu est venu et c'est pour que vous ayez sa crainte devant les yeux afin de ne pas pécher. » Le peuple restait à bonne distance, mais Moïse s'approcha de la nuée où se trouvait Dieu (Exode 20 : 18-21).

La peur s'est emparée du peuple, mais Moïse a essayé d'apaiser leurs craintes par une simple exhortation : *Dieu a révélé sa gloire pour que le peuple ne pèche pas.*

Dieu a terrifié le peuple par sa majesté afin qu'il se détourne du péché et l'imite. Dieu a invité toute la nation à le contempler pour être transformée. Il voulait qu'elle le *contemple* et devienne *comme* lui. *La rencontre au mont Sinaï avait pour but de discipler un peuple.* Dieu s'est révélé pour produire un peuple qui deviendrait comme lui. Il leur a parlé de manière audible et les a terrifiés pour les pousser à s'engager dans un processus de discipulat, et ceci en tant que peuple communautaire. Ce processus devait commencer au Sinaï et se poursuivre lorsque le peuple s'approchait de sa présence au tabernacle.

Dieu voulait que le peuple d'Israël le contemple et entende sa voix afin qu'il adopte ses commandements et se détourne du péché. Il voulait faire d'eux des disciples par sa présence.

Certains chrétiens croient à tort que la loi de l'Ancien Testament était un chemin vers le salut avant la venue de Jésus, mais la loi n'a jamais été le moyen de salut. L'histoire de l'exode est le résultat de l'action de Dieu en faveur de son peuple, et non une réponse à l'observance parfaite de la loi.[3] La loi était un ensemble de directives données *après que* Dieu eut sauvé Israël. Il s'agissait d'un ensemble d'instructions et d'un mode de vie destinés à préserver le peuple des péchés des nations afin qu'il puisse accueillir la présence de Dieu au milieu de lui et s'en approcher. Ce n'était pas quelque chose de légaliste. En définissant un système de sacrifices avec des instructions pour la repentance, Dieu prévoyait déjà qu'il pécherait.

La loi mosaïque a établi un contexte pour qu'Israël soit discipulé en voyant la présence de Dieu au milieu d'eux.

La crise du Sinaï

Le mont Sinaï était glorieux, mais il était aussi tragique. Le peuple était appelé à regarder et à être transformé, mais au lieu de cela, il a fini dans l'idolâtrie et le péché. *La rencontre au Sinaï est un avertissement : la transformation (le discipulat) par la contemplation n'est pas automatique.* Il est possible de contempler Dieu sans être disciple. Il est même possible de le contempler et de finir par tomber dans l'apostasie.

Parce que l'enjeu est de taille, Paul a lancé un sérieux avertissement aux Corinthiens en comparant ce que Dieu a fait en Jésus à ce qui s'est passé au Sinaï :

> *Or, si le ministère de la mort, gravé avec des lettres sur des pierres, a été glorieux au point que les Israélites ne pouvaient pas fixer les regards sur le visage de Moïse à cause de la gloire dont il rayonnait et qui, pourtant, était passagère, combien le ministère de l'Esprit sera plus glorieux ! En effet, si le ministère de la condamnation a été glorieux, le ministère de la justice est bien plus glorieux encore. Et même, de ce point de vue, ce qui était glorieux a perdu son éclat à cause de la gloire qui lui est supérieure. En effet, si ce qui était passager a été marqué par la gloire, ce qui est permanent sera bien*

---

3. Carmen Joy Imes, *Bearing God's Name : Why Sinai Still Matters* (Downers Grove, IL : IVP Academic : An Imprint of InterVarsity Press, 2019), 12.

plus glorieux. Puisque nous avons une telle espérance, nous faisons preuve d'une grande assurance. Nous ne faisons pas comme Moïse, qui mettait un voile sur son visage pour que les Israélites ne fixent pas les regards sur la fin d'une réalité passagère. Mais leur intelligence s'est obscurcie. Jusqu'à aujourd'hui en effet, le même voile reste lorsqu'ils font la lecture de l'Ancien Testament, et il ne se lève pas parce que c'est en Christ qu'il disparaît... mais lorsque quelqu'un se convertit au Seigneur, le voile est enlevé... Nous tous qui, sans voile sur le visage, contemplons comme dans un miroir la gloire du Seigneur, nous sommes transformés à son image, de gloire en gloire, par l'Esprit du Seigneur (2 Corinthiens 3 : 7-14, 16, 18).

Paul a exhorté les Corinthiens à contempler Jésus *et* à être transformés en comparant ce que Dieu a fait en Jésus avec l'histoire d'Israël au mont Sinaï. L'expérience d'Israël au mont Sinaï n'a pas été répétée et reste l'acte de Dieu le plus spectaculaire pour un peuple dans l'Histoire.[4] Les Israélites ont vu Dieu apparaître sous la forme de feu et de fumée au sommet d'une montagne et l'ont entendu parler de manière audible. Ils ont entendu le tonnerre et ressenti un tremblement de terre lorsqu'il s'est approché.[5]

Lorsque Dieu est apparu à Israël, il était majestueux et terrifiant. Pourtant, Paul affirme que, *grâce à l'Esprit qui habite en nous, nous pouvons contempler Dieu dans une plus grande gloire.* Croyons-nous que nous avons accès à une plus grande révélation de la gloire de Dieu que celle que les Israélites ont connue au Sinaï ?

De nombreux chrétiens minimisent la gloire qui a été révélée au mont Sinaï, et de ce fait minimisent ce que Paul a écrit. Considérez le tonnerre, les tremblements de terre, les éclairs, les voix et la terreur du mont Sinaï. Puis, émerveillez-vous de ce que vous ayez accès à une plus grande révélation de Dieu en contemplant Jésus par le ministère de l'Esprit.

Donnons-nous un moment pour assimiler cela avant de

---

4. La crucifixion de Jésus est la plus grande révélation de qui est Dieu, et le retour de Jésus surpassera de loin l'exode, mais à ce jour, l'exode reste l'événement le plus spectaculaire de l'histoire.

5. Exode 19 : 18-19 ; 20 : 18.

continuer : les Israélites ne pouvaient pas regarder Moïse, et nous pouvons voir tellement plus dans le visage de Jésus par l'Esprit habitant en nous. Si la beauté de Dieu nous est accessible dans une mesure bien plus grande que la rencontre spectaculaire qu'Israël a eue avec Dieu sur le mont Sinaï, pourquoi sommes-nous si distraits par des choses moins importantes ?

Paul a comparé la nouvelle alliance au mont Sinaï, car c'était la dernière fois que Dieu était descendu devant son peuple pour conclure une alliance avec lui.

Paul voulait que les Corinthiens comparent leur situation au Sinaï :

- Dieu est descendu au temps de l'exode pour délivrer Israël de la servitude. Il s'est révélé à Israël et lui a donné un nouveau mode de vie qui lui permettrait de le contempler et, ce faisant, de se détourner du péché et d'être transformé à son image.
- La loi mosaïque était une image et une ombre des choses à venir. Lorsque nous examinons la rencontre d'Israël au Sinaï, nous découvrons les fondements de notre foi. Ce qui a commencé au Sinaï devrait avoir une plus grande expression à notre époque.
- Dieu est descendu en la personne de Jésus pour libérer nos cœurs de la puissance du péché. Il s'est révélé à nouveau à Israël et nous a donné un nouveau mode de vie par la nouvelle naissance et par l'Esprit qui nous permet de le contempler, de nous détourner du péché et d'être transformés à son image.

Paul a fait référence à la rencontre du Sinaï pour faire une déclaration : *Dieu est redescendu. Nous pouvons à nouveau le contempler dans le visage de Jésus et entendre sa voix dans les paroles de Jésus.*

Cependant, la comparaison de Paul avec le Sinaï était également porteuse d'un avertissement important, et il y a une leçon qu'il voulait que les Corinthiens tirent de la rencontre d'Israël à la montagne.

Un avertissement important

Lorsque Paul fait référence au mont Sinaï, il s'attend à ce que les Corinthiens se souviennent de toute l'histoire du mont Sinaï. Cette histoire est glorieuse, mais elle comporte aussi une sérieuse mise en garde. Lorsque le peuple a rencontré Dieu au Sinaï, il a été si terrifié qu'il est resté à distance et a demandé à Moïse d'approcher Dieu pour lui et de lui parler en son nom :

> Tout le peuple entendait les coups de tonnerre et le son de la trompette et voyait les flammes de la montagne fumante. A ce spectacle, le peuple tremblait et se tenait à bonne distance. Ils dirent à Moïse : « Parle-nous, toi, et nous écouterons ; mais que Dieu ne nous parle pas, sinon nous mourrions » (Exode 20 : 18-19).

Comme nous l'avons vu, Moïse les a suppliés de ne pas reculer par peur, mais de laisser la révélation de Dieu les préserver du péché :

> Moïse dit au peuple : « N'ayez pas peur, car c'est pour vous mettre à l'épreuve que Dieu est venu et c'est pour que vous ayez sa crainte devant les yeux afin de ne pas pécher » (Exode 20 : 20).

Dieu voulait que la nation le contemple et s'approche de lui, mais la nation était terrifiée par sa présence, alors ils ont regardé Moïse et lui ont dit : « Va lui parler. » En raison de la majesté de la présence de Dieu, le peuple n'a pas adopté le processus de discipulat par la contemplation, et les effets ont été dévastateurs.

Parce que le peuple ne s'est pas approché pour contempler Dieu et être transformé par ce qu'il a vu et entendu, il a fini par tomber dans l'idolâtrie.

Moïse s'est approché de la présence du Seigneur, mais pas la nation. Il a été transformé, mais pas eux. Alors que Moïse continuait à contempler Dieu, la gloire de Dieu a transformé son corps physique. Moïse était tellement changé par la gloire de Dieu que son visage rayonnait, et les Israélites ont fini par lui couvrir le visage.[6] Ils ne pouvaient pas supporter ce qu'il était devenu en regardant Dieu, mais Dieu voulait que la nation entière porte sa gloire.[7] Moïse a été transformé (discipulé) en contemplant la gloire de Dieu, *même avant que la croix ne* devienne une représentation vivante de la puissance de la contemplation de Dieu pour nous transformer.

Envoyer des professionnels pour contempler

Parce qu'Israël a envoyé Moïse pour contempler le Seigneur pour eux, il a été transformé, mais ils ont fini par adorer un veau d'or.

Au lieu de porter la gloire de Dieu, les Israélites ressemblaient à une idole. G. K. Beale commente cette épouvantable tragédie :

A la différence de Moïse, le Psaume 106 : 20 affirme que les idolâtres du veau d'or ont « échangé » la gloire de Dieu qu'ils auraient dû refléter contre la ressemblance hideuse de l'idole du veau. En fait, le fait que la gloire reflétée sur le visage de Moïse représentait ce que tous les Israélites fidèles auraient dû refléter est mis en évidence par d'autres textes de l'Ancien Testament, qui semblent considérer que la proximité d'une personne fidèle à Dieu, a pour résultat, de refléter sa lumière : « Que Yahvé fasse luire sa face sur toi » (Nb. 6 : 25) ; « ils ont regardé vers lui [le Seigneur] et ont été rayonnants » (Ps. 34 : 6) ; ainsi qu'Esaïe 60 : 1-5 (par ex. : « Mais l'Éternel se lèvera sur vous et sa gloire apparaîtra sur vous. »)[8]

Au lieu d'être transformés à l'image de Dieu en le contemplant, les Israélites ont créé un dieu selon leurs propres désirs et l'ont appelé YHWH. De la même manière, si nous ne contemplons pas Dieu et ne cherchons pas à être transformés à son image - surtout

---

6. Exode 34 : 29-35.

7. Exode 19 : 6 ; Lévitique 11 : 45 ; 19 : 2 ; 20 : 26 ; Deutéronome 7 : 6 ; 26 : 19 ; 28 : 9 ; Esaïe 62 : 12.

8. G. K. Beale, *We Become What We Worship : A Biblical Theology of Idolatry* (Downers Grove : InterVarsity Press, 2008), 90.

lorsque cela nous met mal à l'aise - nous finirons par créer nos propres « dieux » et par leur ressembler.

Etre entouré de la gloire de Dieu n'est pas suffisant. Un responsable qui contemple Dieu ne suffit pas. Nous devons le contempler en tant que communauté. Nous devons affronter la peur de Dieu, et nous devons être transformés.

L'idolâtrie des Israélites au mont Sinaï nous oblige à poser certaines questions inconfortables : Envoyons-nous nos pasteurs contempler Dieu et l'écouter pour nous, comme les Israélites ont incité Moïse à le faire ? Ou cherchons-nous à contempler et à écouter Dieu nous-mêmes ? Si vous êtes pasteurs : Accordez-vous la priorité à la contemplation de Dieu ? Ou consacrez-vous davantage d'énergie à contempler d'autres choses qui semblent réussir ?

Dieu met en place des responsables pour servir son corps et le conduire à la maturité,[9] mais « nous tous » devons le contempler. Nous avons besoin de responsables pieux, mais Dieu a mis Moïse en place pour faciliter une rencontre collective. Nous devons contempler Dieu ensemble, et non pas envoyer un « Moïse » le faire pour nous.

L'Eglise souffre énormément lorsque nous envoyons des « professionnels » (pasteurs, enseignants, responsables de louange, etc.) contempler Dieu au lieu de monter nous-mêmes sur la montagne du Seigneur. Les chrétiens protestants critiquent souvent l'Eglise catholique pour avoir des prêtres professionnels en soulignant que tous les croyants sont appelés au sacerdoce.[10] Dans la pratique, cependant, même les chrétiens protestants traitent souvent les ministres professionnels comme des « prêtres » cherchant Dieu en leur nom.

La contemplation est à prendre au sérieux

Même si nous ne rencontrons pas Dieu de la même manière que les Israélites, Dieu demeure au milieu de son peuple, indépendamment

---

9. Éphésiens 4 : 11-13.
10. 1 Pierre 2 : 5, 9 ; Apocalypse 1 : 6 ; 5 : 10 ; 20 : 6.

de ce que nous pouvons penser de notre congrégation locale.[11] Dieu a invité le peuple à s'approcher de lui, mais il l'a également averti de respecter cette rencontre :

> *L'Eternel dit à Moïse : « Descends avertir le peuple de ne pas se précipiter vers l'Eternel pour regarder, car un grand nombre parmi eux mourraient. Que les prêtres qui s'approchent de l'Eternel se consacrent aussi, de peur que l'Eternel ne les frappe de mort » (Exode 19 : 21-22).*

Le Seigneur veut que son peuple contemple, mais il a averti les Israélites de ne pas s'approcher de la montagne sainte par curiosité. Il s'agit d'une mise en garde contre une approche désinvolte de l'Eglise qui s'approche de Dieu pour son propre amusement et divertissement, mais qui ne cherche pas à être transformée à son image. Lorsque Dieu se révèle pour qu'un peuple puisse le contempler, c'est une chose à prendre au sérieux.

Dieu se révèle à son peuple dans le contexte d'une alliance, et il attend de nous que nous lui répondions d'une manière conforme à l'alliance.

Nous sommes *de loin* la génération la plus instruite de l'Histoire. Nous avons un accès bien plus grand à la Bible et à la théologie que toute autre génération. Aucun des auteurs bibliques n'avait accès à ce que le chrétien moyen a dans sa poche ou sur son smartphone.

Nous disposons également de beaucoup plus de musique de louange que n'importe quelle autre génération pour « éveiller » nos affections à la beauté et la majesté de Dieu. Pourtant, si nous recherchons une « expérience de louange » mais que nous ne sommes pas transformés à l'image de Jésus par notre louange, notre « louange » est dangereuse. Elle sert de placebo, d'imitation émotionnelle de ce que Dieu veut.

Responsables de louange, chantres et musiciens, vous devez prendre votre don extrêmement au sérieux. Vous pouvez être un don incroyable pour l'Eglise si vous nous amenez à contempler Dieu. Toutefois, en ne nous offrant que des expériences émotionnelles,

---

11. 1 Corinthiens 3 : 16-17 ; 2 Corinthiens 6 : 16 ; Éphésiens 2 : 21-22.

vous renforcez notre immaturité et vous nous orientez vers l'idolâtrie, en nous offrant une rencontre avec Dieu qui confirme notre identité mais ne provoque pas de transformation.

Contempler Dieu n'est pas seulement une meilleure expérience de la présence de Dieu dans une rencontre de louange. Il s'agit de la transformation qui devrait résulter de la révélation de la personne de Dieu.

Nous sommes de loin la génération la plus *informée* de l'Histoire, mais sommes-nous la génération la plus *transformée* ?

Je crains que nous soyons devenus très familiers avec les informations sur Dieu et même la présence de Dieu, mais comme les Israélites, nous envoyons nos dirigeants pour aller lui parler et nous rapporter des informations. Mais Dieu veut que nous l'approchions en tant que communauté et que nous assumions les conséquences de ce que nous contemplons. Cherchez-vous à contempler Dieu pour votre propre curiosité ? Pour une petite excitation ? Ou parce que vous voulez le connaître et que vous aspirez à être transformés ?

Les Israélites étaient terrifiés par Dieu, et Paul a qualifié leur rencontre de *moindre gloire* que celle qui est disponible par l'Esprit habitant en nous :

> *Or, si le ministère de la mort, gravé avec des lettres sur des pierres, a été glorieux au point que les Israélites ne pouvaient pas fixer les regards sur le visage de Moïse à cause de la gloire dont il rayonnait et qui, pourtant, était passagère, combien le ministère de l'Esprit sera plus glorieux ! En effet, si le ministère de la condamnation a été glorieux, le ministère de la justice est bien plus glorieux encore. Et même, de ce point de vue, ce qui était glorieux a perdu son éclat à cause de la gloire qui lui est supérieure. En effet, si ce qui était passager a été marqué par la gloire, ce qui est permanent sera bien plus glorieux (2 Corinthiens 3 : 7-11).*

Notre expérience de Dieu ne sera pas toujours spectaculaire, mais elle exigera quelque chose de nous. Sa nature et son caractère nous confronteront et nous mettront mal à l'aise. Il exposera la grande différence entre ce que nous sommes et ce qu'il est. A ce moment-là, nous pouvons reculer ou nous approcher, confiants que Dieu aime faire preuve de miséricorde et nous transformer par l'action de son Esprit. Dieu est très bienveillant à notre égard et il s'efforcera de combler l'écart entre nous et lui, mais il ne deviendra pas comme nous. Il nous rendra semblables à lui.

Si vous n'avez jamais été effrayés par ce que vous ressentez lorsque vous contemplez Dieu, vous n'avez pas encore bénéficié de tous les bénéfices de la nouvelle alliance. Grâce à l'Esprit qui habite en vous, vous pouvez supporter une révélation de Dieu que les Israélites ne pouvaient pas supporter. Vous devez vous approcher avec une pleine confiance dans le sang de Jésus et avec l'aide du Saint-Esprit pour voir Dieu tel qu'il est.

Nous n'avons pas besoin de nous tenir à distance. Nous pouvons monter sur la « montagne sainte » et le contempler ensemble avec une confiance absolue grâce au sang de Jésus.[12] Si nous le faisons, il nous transformera à son image. La gloire de Dieu était voilée sur le mont Sinaï, mais elle a été pleinement révélée en la personne de Jésus. La rencontre des Israélites avec la gloire « voilée » de Dieu au Sinaï est un témoignage incroyable de ce qui nous est offert par l'Esprit.

Pouvez-vous imaginer être au Mont Sinaï et refuser de regarder la montagne et d'écouter la voix audible du Seigneur ? Pouvez-vous imaginer mettre des écouteurs et profiter d'un divertissement au lieu de contempler le Dieu vivant en feu sur la montagne et d'écouter sa voix tonitruante ? Mais n'est-ce pas ce que nous faisons lorsque nous donnons la priorité aux divertissements, aux médias et aux distractions au lieu de rechercher la communion avec l'Esprit et de lui demander de nous révéler Dieu ?

En outre, pourriez-vous imaginer que le peuple d'Israël décide de se réunir et de se parler, mais qu'il ne contemple jamais collectivement le feu, la fumée et le tonnerre de la montagne ? Mais, encore une fois, n'est-ce pas ce que nous faisons lorsque nous nous

---

12. Ephésiens 2 : 18 ; 3 : 11-12 ; Hébreux 4 : 16 ; 10 : 19-23.

réunissons semaine après semaine sans jamais contempler communautairement la gloire de Dieu ?

Compte tenu de ce qui est disponible par l'Esprit habitant en nous, il est tragique que nous passions plus de temps à nous divertir qu'à contempler Dieu. Nous sommes comme des Israélites au pied d'une montagne en feu, qui ne prennent jamais la peine de la regarder.

Si l'Esprit nous a permis de contempler la gloire de Dieu dans une mesure supérieure à ce qu'Israël a connu au Sinaï, comment se fait-il que nous trouvions Netflix plus attrayant ? Comment se fait-il que nous nous réunissions en tant que peuple mais que nous ne nous réunissions pas pour contempler Dieu par l'Esprit ? Et se pourrait-il que notre manque de contemplation soit plus lié à notre manque de transformation que nous ne le pensons ?

La transformation n'est pas automatique. C'est l'avertissement du mont Sinaï. Nous devons y répondre.

Israël a fini dans l'idolâtrie parce que la nation n'a pas persévéré dans la contemplation de la gloire de Dieu et n'a pas fait face aux implications de sa gloire. De la même manière, si nous ne donnons pas la priorité à la contemplation de Dieu lorsque nous nous réunissons, nous finirons lentement par tomber dans l'idolâtrie. Nous créerons un « Jésus » de notre propre fabrication. Nous l'appellerons « Jésus » et nous nous rassemblerons autour de ce « dieu » mais ce ne sera pas le Dieu terrifiant et incréé. Ce sera simplement un veau de notre propre fabrication, façonné à notre propre image.

Comme l'avertit un théologien :

Dans la mesure où nous créons un dieu à notre image, et selon nos goûts, c'est dans cette mesure que nous suivons un autre dieu.[13]

La contemplation est à prendre au sérieux. Tout se joue ici.

---

13. W. Ross Blackburn, *Le Dieu qui se fait connaître : le cœur missionnaire du livre de l'Exode*, éd. D. A. Carson, vol. 28, New Studies in Biblical Theology (Angleterre ; Downers Grove, IL : Apollos ; InterVarsity Press, 2012), 212.

4

LE DISCIPULAT DOIT COMMENCER AVEC DIEU

AVANT DE NOUS pencher sur le modèle biblique de la contemplation, nous devons examiner *pourquoi* le discipulat doit commencer par la contemplation.

Devenir un disciple est un processus de construction - il s'agit de construire des personnes. Chaque fois que vous construisez quelque chose, vous devez savoir à quoi ressemble le produit final. Par exemple, les architectes et les ingénieurs dessinent des plans du produit fini afin que les ouvriers sachent ce qu'ils fabriquent et comment le faire. Sans plan, on ne sait pas ce que l'on construit.

Dieu veut former des personnes qui lui ressemblent, et Dieu, en la personne de Jésus, est le modèle - le produit final du discipulat.

Le discipulat doit commencer par la contemplation parce qu'il doit commencer avec Dieu. Si vous ne contemplez pas Jésus de manière constante et intentionnelle, vous ne savez pas ce que Dieu veut que l'homme devienne. Et si vous ne savez pas ce que le produit du discipulat est censé être, alors vous ne pouvez pas former des disciples de la bonne manière.

Lorsque nous faisons du discipulat le moyen de devenir une meilleure version de nous-mêmes, nous passons à côté de l'essentiel. Dieu n'essaie pas de produire de meilleurs humains. Il suscite un peuple *qui lui ressemble*. Nous pensons souvent que dans ce temps présent, l'important, c'est de découvrir quelle est notre destinée, mais ce temps présent a été créé pour révéler qui est Dieu et dévoiler ce qu'il veut. Nous sommes invités à entrer dans *son* histoire afin d'être formés à *son* image. Il n'existe pas pour nous, et il n'est pas à notre image.

Le discipulat doit être centré sur Dieu et non sur l'homme. Ce temps présent n'est pas conçu pour nous, il est conçu pour Dieu.[1] *Il ne concerne pas notre histoire : il vise à nous faire entrer dans l'histoire de Dieu et à nous rendre semblables à lui.*

Nous avons tendance à consacrer beaucoup d'efforts pour découvrir comment nous pouvons obtenir l'aide de Dieu pour jouir de notre propre destinée. Nous utilisons Dieu comme un moyen pour garantir la réalisation de nos propres objectifs, nous pouvons le voir dans d'innombrables livres chrétiens. Chaque année, il y a de nouveaux livres et de multiples vidéos sur les formules secrètes qui rendront nos prières plus efficaces et qui nous permettront de nous assurer la faveur de Dieu. En fin de compte, il s'agit pour nous de manipuler Dieu pour obtenir ce que nous voulons, et c'est la preuve que nous n'avons pas été formés comme disciples selon la Bible. En fait, c'est plus proche de la sorcellerie que du christianisme.

Dieu n'est pas fait à notre image

Si le discipulat n'est pas fondé sur la contemplation, nous deviendrons comme les pharisiens, un peuple qui connaît des informations sur Dieu, adoptant un style de vie religieux mais qui ne connaît pas réellement Dieu.

Dieu n'est pas fait à notre image. Nous sommes faits à son image, et la maturité chrétienne se mesure au degré de ressemblance que vous avez avec son image. Notre plus grand problème est que nous ne connaissons pas Dieu, et nous ne pouvons pas former des disciples à l'image d'un Dieu que nous ne connaissons pas.

---

1. Voir le livre *Ce que Dieu veut ? Aligner votre vie sur le désir de Dieu.*

La Bible promet que nous deviendrons comme Dieu d'une manière que nous ne pouvons même pas imaginer :[2]

En effet, si nous avons été unis à lui par une mort semblable à la sienne, nous le serons aussi par une résurrection semblable à la sienne (Romains 6 : 5).

Or, si nous sommes enfants, nous sommes aussi héritiers : héritiers de Dieu et cohéritiers de Christ, si toutefois nous souffrons avec lui afin de prendre aussi part à sa gloire. J'estime que les souffrances du moment présent ne sont pas dignes d'être comparées à la gloire qui va être révélée pour nous. De fait, la création attend avec un ardent désir la révélation des fils de Dieu. En effet, ceux qu'il a connus d'avance, il les a aussi prédestinés à devenir conformes à l'image de son Fils, afin que celui-ci soit le premier-né d'un grand nombre de frères (Romains 8 : 17-19, 29).

Le premier homme, tiré de la terre, est fait de poussière, le second homme, [le Seigneur,] est du ciel. Tel est l'homme terrestre, tels sont aussi les hommes terrestres ; et tel est l'homme céleste, tels seront aussi les hommes célestes. Et de même que nous avons porté l'image de l'homme fait de poussière, nous porterons aussi l'image de celui qui est venu du ciel (1 Corinthiens 15 : 47-49).

Quant à nous, notre droit de cité est dans le ciel, d'où nous attendons aussi comme Sauveur le Seigneur Jésus-Christ. Il transformera notre corps de misère pour le rendre conforme à son corps glorieux par le pouvoir qu'il a de tout soumettre à son autorité (Philippiens 3 : 20-21).

C'est à cela qu'il vous a appelés par notre Evangile, pour que vous possédiez la gloire de notre Seigneur Jésus-Christ (2 Thessaloniciens 2 : 14).

Bien-aimés, nous sommes maintenant enfants de Dieu, et ce que nous serons un jour n'a pas encore été révélé. [Mais] nous savons que, lorsque Christ apparaîtra, nous serons semblables à lui parce que nous le verrons tel qu'il est (1 Jean 3 : 2).

Le Nouveau Testament décrit l'Eglise comme un peuple qui sera profondément transformé à l'image de Dieu. Nous deviendrons

---

2. Voir aussi 2 Corinthiens 5 : 17 ; Ephésiens 2 : 6.

semblables à lui d'une manière que nous ne pouvons pas imaginer. Même nos corps deviendront semblables au sien. Dieu recherche bien plus qu'une meilleure moralité.

Le discipulat ne consiste pas à préparer les gens à aller au ciel. Il s'agit de transformer les gens à l'image de Dieu.

Nous ne sommes pas appelés à adopter des attributs pieux dans ce temps présent pour gagner une retraite céleste. Lorsque nous présentons le discipulat de cette manière, les gens choisissent d'être généreux, de se sacrifier, d'être humbles, doux, indulgents et tolérants, en espérant une récompense. Certes, Dieu nous récompensera, mais ce n'est pas là le seul objectif de Dieu. Dieu produit une Epouse pour lui-même, un peuple qui lui ressemble. Il veut un peuple qui aime vivre de la même manière que lui, et non un peuple qui endure certaines disciplines pour obtenir une récompense.

L'enjeu du discipulat est bien plus important que de parvenir au paradis. La question centrale de la vie de disciple est la suivante :

Deviendrez-vous comme lui ? Allez-vous accepter d'être façonnés à son image ? Lorsque nous enseignons aux gens à obéir à certaines règles pour échapper à l'enfer, nous n'en faisons pas des disciples. Nous les trompons, nous les convainquons qu'ils obtiendront l'approbation de Dieu en vivant d'une certaine manière alors qu'ils ne sont pas vraiment alignés sur l'agenda de Dieu.

Si les gens ne veulent pas devenir comme Dieu, peu importe que leur vie soit « morale » et que leur famille soit en bonne santé. Ils ne sont pas disciples, et Dieu ne s'intéresse pas à leurs accomplissements. Le discipulat n'est pas l'imitation de Dieu ; c'est le processus pour devenir comme Dieu. Un perroquet peut se faire passer pour vous, mais un perroquet ne peut pas devenir vous.

Dieu est incroyablement tolérant. La Bible révèle qu'il peut supporter toutes sortes d'échecs, de péchés et d'immaturité chez une personne qui veut vraiment devenir comme lui. Il n'est pas déraisonnable - Il est généreux. Dieu est également très patient avec nous, et il nous guidera à travers le processus. Il connaît notre faiblesse, et cela ne le décourage pas, mais il veut tout de nous, et nous ne devons pas donner aux gens une autre impression.

Tout vendre avec joie

Si Dieu est exigeant - et il l'est - comment amener les gens à tout lui donner et à lui permettre de transformer toute leur personne à son image ? La réponse est simple, un *amour* qui découle de la *fascination*. Ils ont besoin de contempler quelque chose qui rende valable le processus douloureux, difficile et long de la transformation. Lorsqu'une personne contemple quelque chose de beau – qu'il s'agisse d'une autre personne ou d'un bijou précieux - elle est prête à tout donner pour obtenir ce trésor :

> *Le royaume des cieux ressemble [encore] à un trésor caché dans un champ.*
> *L'homme qui l'a trouvé le cache et, dans sa joie, il va vendre tout ce qu'il*
> *possède et achète ce champ (Matthieu 13 : 44).*

Non seulement ils « vendront tout », mais ils le feront *dans la joie*. Nous ne pouvons pas appeler les gens à un profond discipulat s'ils ne considèrent pas Jésus comme le trésor supérieur à tous les autres trésors. Nous ne pouvons pas faire correctement des disciples sur la base de la culpabilité et de la contrainte. Dieu ne veut pas d'un peuple qui suit son Fils parce qu'il se sent coupable et obligé. Il forme un peuple qui *aime* son Fils plus profondément et le considère comme un trésor supérieur à tout autre trésor.[3]

Jésus a attendu une Epouse pendant des milliers d'années, et le Père va lui donner une Epouse digne de son attente, une Epouse qui l'aime et qui jouit pleinement de lui. Aucun marié ne veut venir à un mariage et trouver une épouse qui est là par obligation, en espérant que le mariage lui apportera quelques avantages personnels. Un homme aspire à une épouse qui est captivée par l'amour (et une épouse aspire à la même chose) avec un véritable désir pour lui, pour l'homme envers qui elle engage sa vie. *Jésus n'est pas différent*. Il ne veut pas s'unir à des personnes qui ne *le* trouvent pas désirable, agréable, plaisant et beau.

---

3. Matthieu 6 : 21 ; 13 : 44-46 ; Hébreux 11 : 24-26.

Jésus a placé la barre du discipulat très haute. Il nous a demandé de renoncer à nous-mêmes et d'accepter notre propre exécution afin de le suivre. Il a exigé la première priorité dans tous les domaines.[4] Ses exigences en matière de discipulat étaient incroyablement élevées, et il a dit aux gens de calculer soigneusement le prix à payer pour le suivre, avant de le faire.[5] Les exigences de Jésus, en matière de discipulat, étaient bien plus élevées que celles de beaucoup d'entre nous. La vérité est que beaucoup de gens trouvent les exigences de Jésus trop élevées et cherchent constamment à les réduire.

Il est facile de lire les exigences de Jésus et de se demander comment il s'attend à ce que quelqu'un le suive, mais Jésus n'a jamais forcé personne à le suivre. En fait, il a volontairement laissé les gens partir.[6] Jésus ne s'est jamais attendu à ce que tout le monde le suive. Il recherche ceux qui trouvent leur *joie* en lui. Il est très patient avec nous dans nos défauts et nos échecs, mais il ne veut pas que les gens le suivent par devoir. Il veut être un objet de plaisir pour son Epouse, comme n'importe quel autre époux qui se prépare pour son mariage.

Jésus a suivi l'ordre du Père d'aller jusqu'à sa propre mort en vue de la joie,[7] et il forme un peuple qui le suivra en vue de la joie et du plaisir.

Si les gens ne voient pas Jésus comme un beau trésor - bien plus désirable que tout autre trésor - ils ne supporteront pas le processus du discipulat. Et ils ne vendront certainement pas tout *dans la joie* pour l'obtenir et devenir comme lui. C'est une perte de temps que d'essayer continuellement de former des disciples avec des gens qui ne trouvent pas Jésus beau, mais tragiquement, il y a beaucoup de personnes, dans nos églises, qui n'ont pas encore vu la beauté de Jésus. En conséquence, ils essaient de le servir, mais ils ne vendent pas tout *avec joie*.

---

4. Matthieu 10 : 37-38 ; 16 : 24 ; 22 : 37 ; Marc 8 : 34 ; 10 : 21 ; Luc 9 : 23-24 ; 14 : 26-27.
5. Luc 14 : 26-33.
6. Matthieu 19 : 21-22 ; Jean 6 : 66.
7. Matthieu 26 : 39-42 ; Marc 14 : 35 ; Luc 22 : 41-42 ; Hébreux 12 : 2.

Le but est Dieu

Lorsque nous considérons le discipulat principalement comme un moyen d'obtenir des récompenses célestes par l'obéissance (ce qui n'est pas entièrement faux), nous pouvons facilement nous égarer. L'objet du discipulat n'est pas le ciel, c'est Dieu.

Par exemple, Paul n'a jamais désiré le ciel. Il désirait être avec Dieu :

> *En effet, Christ est ma vie et mourir représente un gain. Cependant, s'il est utile pour ma tâche que je vive ici-bas, je ne saurais dire ce que je dois préférer. Je suis tiraillé des deux côtés : j'ai le désir de m'en aller et d'être avec Christ, ce qui est de beaucoup le meilleur (Philippiens 1 : 21-23).*
>
> *Mais ces qualités qui étaient pour moi des gains, je les ai regardées comme une perte à cause de Christ. Et je considère même tout comme une perte à cause du bien suprême qu'est la connaissance de Jésus-Christ mon Seigneur. A cause de lui je me suis laissé dépouiller de tout et je considère tout cela comme des ordures afin de gagner Christ (Philippiens 3 : 7-8).*

Le désir de Paul était Dieu en la personne de Jésus, et non la retraite au ciel. En fait, le Nouveau Testament ne fait jamais du « ciel » le but de notre discipulat. Lorsque Paul parle de notre citoyenneté dans les cieux, il ne s'agit pas « du ciel » mais de Jésus. Nous regardons vers le ciel parce que Jésus s'y trouve, et nous désirons ardemment qu'il soit à nouveau avec nous et qu'il nous transforme à son image :

> *Quant à nous, notre droit de cité est dans le ciel, d'où nous attendons aussi comme Sauveur le Seigneur Jésus-Christ. 21 Il transformera notre corps de misère pour le rendre conforme à son corps glorieux par le pouvoir qu'il a de tout soumettre à son autorité (Philippiens 3 : 20-21).*

Le chapitre 15 de la première épître aux Corinthiens pourrait être celui où Paul parle le plus du ciel et du croyant, mais même dans ce passage, le but n'est pas le ciel. Le but est de devenir *comme* l'Homme venu du ciel :

> *Le premier homme, tiré de la terre, est fait de poussière, le second homme, [le Seigneur,] est du ciel. Tel est l'homme terrestre, tels sont aussi les hommes terrestres ; et tel est l'homme céleste, tels seront aussi les hommes célestes. Et de même que nous avons porté l'image de l'homme fait de poussière, nous porterons aussi l'image de celui qui est venu du ciel (1 Corinthiens 15 : 47-49).*

Paul décrit la gloire de Jésus comme l'Homme du ciel, mais lorsqu'il parle de l'espérance du croyant, l'espérance n'est jamais le ciel. L'espoir, c'est la résurrection et le fait de devenir comme l'Homme divin. Ainsi, le discipulat doit commencer par la contemplation de la beauté de Dieu en la personne de Jésus.

Si vous croyez qu'il est beau, alors vous serez attirés par lui et vous embrasserez le processus du discipulat. Si vous ne le considérez pas comme beau, vous abandonnerez le chemin du discipulat lorsqu'il deviendra difficile, ou vous deviendrez un légaliste qui respecte certaines règles par culpabilité ou dans l'espoir de gagner le ciel. Il n'est pas utile de placer l'espoir des gens dans le ciel. C'est un espoir vague et indéfini, et ce n'est pas l'espoir du Nouveau Testament.

L'objectif du Nouveau Testament est clair : devenir comme Jésus pour pouvoir être unis à lui et participer à la restauration de la création.

Le discipulat commence par la contemplation, mais rien ne se passe lorsque nous regardons quelqu'un ou quelque chose que nous ne trouvons pas beau. Par conséquent, le discipulat est un combat qui se déroule sur le champ de bataille de la beauté. Et c'est là que nous devons porter notre attention.

5

LE CHAMP DE BATAILLE DE LA BEAUTÉ

La soif de beauté est l'une des choses qui rendent les humains uniques. Aucune autre créature n'est attirée par la beauté comme le sont les humains, ce qui indique que le désir de beauté est le résultat de ce que nous sommes créés à l'image de Dieu. Notre désir de beauté reflète son désir.

Un chien peut se contenter de vivre dans un taudis ou une niche de luxe. Il s'en moque éperdument. En revanche, les humains aspirent à la beauté dans tous les domaines de leur vie. Lorsque quelque chose n'est pas beau, nous nous en détournons ou nous essayons de le remodeler pour le rendre plus beau. Nous voulons que tout ce que nous considérons comme précieux dans notre vie soit également beau.

Le cœur humain a soif de beauté et il la recherche. Nous sommes nés avec des « yeux gourmands » qui aspirent à regarder des choses que nous trouvons agréables et fascinantes. Et lorsque nous découvrons la beauté, nous avons envie d'imiter ce que nous voyons. *Par conséquent, la manière dont nous satisfaisons notre désir de beauté déterminera ce que nous deviendrons.*

L'Eglise réprimande les gens pour leur surconsommation de fausses beautés, mais c'est une réponse incomplète au dilemme humain. Nous devons appeler les gens à *réorienter* leurs désirs, et pas seulement à les *supprimer*. Considérez Esaïe 55 :

> *Vous tous qui avez soif, venez vers l'eau, même celui qui n'a pas d'argent ! Venez, achetez et mangez, venez, achetez du vin et du lait sans argent, sans rien payer ! Pourquoi dépensez-vous de l'argent pour ce qui ne nourrit pas ? Pourquoi travaillez-vous pour ce qui ne rassasie pas ? Ecoutez-moi vraiment et vous mangerez ce qui est bon, vous savourerez des plats succulents (v. 1-2).*

Dieu ne nous reproche pas d'avoir faim et soif. Au contraire, il nous ordonne de manger et de boire. Dieu ne nous reproche pas d'avoir des appétits. Il nous reproche de consommer des choses qui ne nous satisfont pas. Par exemple, si vous détruisez votre corps en mangeant de la nourriture bon marché et malsaine, vous ne devez pas arrêter de manger. Si vous le faites, vous risquez de mourir. La réponse n'est pas l'abstinence totale de nourriture ; la réponse est de changer ce que vous mangez. Arrêter de manger de la mauvaise nourriture.

Vos appétits ne sont pas votre problème. Ils n'ont pas besoin d'être détruits, ils ont besoin d'être redirigés.

Dieu était *consterné* que son peuple ne veuille pas jouir de lui et s'abreuver du plaisir de le connaître. Il ne pouvait pas comprendre pourquoi son peuple ne voulait pas satisfaire son désir de plaisir en lui :

> *Ciel, sois-en consterné, sois-en horrifié, atterré ! déclare l'Eternel. En effet, c'est un double mal que mon peuple a commis : ils m'ont abandonné, moi qui suis une source d'eau vive, pour se creuser des citernes, des citernes fissurées qui ne retiennent pas l'eau (Jérémie 2 : 12-13).*

Si nous enseignons aux gens à renoncer à leurs appétits mais que nous ne les amenons pas à satisfaire leur désir de beauté en Dieu, ils courent à leur perte. Soit ils deviendront des hypocrites religieux qui suivent des règles morales mais ne connaissent pas Dieu, soit ils finiront par se débarrasser de toute retenue et peut-être même par devenir encore plus libertins qu'avant.

Les désirs du cœur humain sont tout simplement trop forts pour être refusés, car nous sommes faits pour avoir envie de la beauté de Dieu.

Nous devons être satisfaits en Dieu, sinon nous nous gaverons d'imitations ou nous abîmerons nos propres âmes dans une tentative orgueilleuse d'en tuer le désir de plaisir. Nous ne trouvons pas la vie dans l'abstinence de plaisir, mais nous la trouvons dans le passage des plaisirs contrefaits aux plaisirs divins.

Le discipulat ne peut se limiter à dire aux gens ce qu'ils ne doivent pas « manger » ; il doit au contraire les inciter à « manger » autre chose.

L'auteur C. S. Lewis l'a exprimé ainsi :

Si l'on considère les promesses sans réserve de récompense et leur nature étonnante promise dans les Evangiles, il semblerait que notre Seigneur trouve nos désirs non pas trop forts, mais trop faibles. Nous sommes des créatures tièdes, qui s'amusent avec la boisson, le sexe et l'ambition, quand une joie infinie nous est offerte, comme un enfant ignorant qui veut continuer à faire des pâtés de boue dans un bidon-ville parce qu'il ne peut pas imaginer ce que signifie l'offre de vacances à la mer. Nous sommes bien trop facilement satisfaits.[1]

La guerre de la beauté et de la fascination explique les relations paradoxales de Dieu avec les humains dans la Bible. Tout au long des Ecritures, Dieu noue des relations profondes avec des individus extrêmement imparfaits. David en est l'un des meilleurs exemples. David a commis des péchés extrêmement graves, et pourtant, Dieu n'a pas rompu sa relation avec lui. La relation de Dieu avec David était très controversée, mais elle reposait finalement sur un fondement très simple : *David était extrêmement déviant, mais il était fasciné par Dieu et captivé par la beauté de Dieu :* [2]

---

1. C. S. Lewis, *The Weight of Glory*, (New York: HarperOne, 2001), 26.
2. Voir aussi Psaumes 26 : 8 ; 63 : 2-5.

Je demande à l'Eternel une chose, que je désire ardemment : je voudrais habiter toute ma vie dans la maison de l'Eternel, pour contempler la beauté de l'Eternel et pour admirer son temple (Psaumes 27 : 4).

Parce que David a trouvé Dieu beau, Dieu pouvait travailler avec lui et le façonner à sa propre image. Et, bien que cela semble scandaleux, Dieu pouvait appeler David un homme « selon son propre cœur ».[3] Dieu n'avait pas honte de son engagement envers David parce que ce dernier était un homme fasciné. David avait de grands défauts, mais il était captivé par la beauté de Dieu, et il voulait devenir comme Dieu.

Comparez la relation de Dieu avec David à la relation mouvementée de Jésus avec les pharisiens. Beaucoup de pharisiens avaient une bien meilleure moralité extérieure que David, mais lorsque Dieu se tenait devant eux, ils ne le trouvaient pas attirant et n'étaient pas fascinés par lui. Ces pharisiens ont adopté la moralité, mais ils ne voulaient pas devenir comme Dieu. En conséquence, Jésus a eu un conflit permanent avec eux et avec de nombreux chefs religieux.

Nos actions sont très importantes, et David et sa famille ont énormément souffert de son péché. Cependant, nous devons nous demander si nous ne critiquons pas trop la faiblesse de certaines personnes et si nous ne célébrons pas trop le respect des règles par d'autres. Pour le dire autrement, faisons-nous des disciples sur la base de la fascination ou de la modification du comportement ?

Des étudiants de la beauté divine

Le discipulat biblique suscitera un peuple qui deviendra une communauté d'étudiants de la beauté de Jésus.

Les personnes correctement discipulées seront captivées par la beauté de Jésus et structureront leur vie de manière à profiter de chaque occasion pour contempler sa beauté, car les gens orchestrent leur vie de manière à pouvoir contempler ce qu'ils trouvent le plus

---

3. 1 Samuel 13 : 14 ; Actes 13 : 22.

beau. Et, comme tout être humain, ils chercheront à devenir comme celui qu'ils trouvent le plus beau. De même que les gens s'habillent pour ressembler aux modèles qu'ils trouvent les plus attirants, de même un peuple captivé par la beauté de Jésus cherchera à lui ressembler.

La soif de beauté de l'homme peut l'amener à faire toutes sortes de choses qu'il ne ferait pas autrement. C'est pourquoi de bons parents protègent leurs enfants de la beauté contrefaite et que les gouvernements doivent censurer tout contenu inapproprié. Le désir humain de ce qui est perçu comme magnifique est plus fort que tout autre désir. Il n'est pas raisonnable.

La beauté de Jésus doit être fondamentale dans nos églises - elle doit être l'attrait principal. Lorsque nous trouvons Jésus merveilleux, nous ferons tout pour lui - nous ne serons pas retenus par la raison, les ressources ou les reproches.

Tragiquement, trop souvent, nous essayons d'attirer les gens à l'église en utilisant une myriade de méthodes plutôt que de traiter le problème à la racine : *nous ressentons de l'ennui en présence de la personne la plus belle de l'univers.* Si nous ne faisons pas face à ce problème fondamental, nous essaierons d'attirer les gens à l'église en utilisant divers moyens, et c'est ainsi que les églises dérapent rapidement.

La vérité désagréable est que nous essayons souvent d'attirer les gens à l'église par bien d'autres choses que Dieu. Nous essayons de rassembler les gens en faisant appel aux définitions humaines de la beauté plutôt que de créer un contexte qui leur permette de contempler sa beauté. Nous créons même des programmes et des activités pour garder à l'église les personnes qui s'ennuient avec Dieu.

Sommes-nous prêts à prendre le risque de faire de Dieu l'attraction principale de nos églises ?

La triste vérité est que, si vous faites de Dieu la principale attraction de votre église locale, vous risquez de perdre des personnes qui y participent actuellement. Cependant, si l'église est un peuple rassemblé autour de la personne de Dieu, cela vaut-il vraiment la peine de déployer tous ces efforts pour garder des personnes impliquées qui ne sont pas fascinées par Dieu et qui ne veulent pas vraiment orienter leur vie autour de la contemplation de sa beauté ? Est-il possible que nous entravions en fait la croissance de nos églises locales en ne voulant pas nous séparer des personnes qui ne considèrent pas Dieu comme leur principal centre d'intérêt ?

Un peuple captivé par la beauté

La révélation de la beauté de Jésus au cœur de l'homme, a le pouvoir de captiver l'esprit, la volonté et les émotions et de produire un peuple qui supportera des sacrifices incroyables pour l'amour de son nom et de sa gloire. Nous essayons souvent de motiver les gens en utilisant toutes sortes de méthodes : l'espoir, la peur, les menaces, la honte, les avertissements et les récompenses. Certaines de ces méthodes sont utiles, mais elles soulèvent une question : *Avons-nous essayé la beauté ?*

Nos librairies sont remplies de livres proposant différents moyens pour réaliser nos espoirs, nos rêves et nos destinées. Même les chrétiens organisent des conférences et des séminaires sur la manière de vivre prospère, épanoui et satisfait. D'un côté, cela n'a aucun sens, étant donné les prédictions répétées de souffrance dans le Nouveau Testament. Il ne donne même pas, non plus, une seule garantie de « succès » dans ce temps présent.[4] Cependant, tout cela met en lumière un problème plus profond : *Nous sommes davantage captivés par notre propre beauté que par celle de Jésus.*

Considérez la stratégie de marketing d'une église locale ordinaire dans le contexte de l'abondance occidentale. Quel est l'élément d'attraction ? Est-ce la personne de Dieu, ou est-ce ce que Dieu peut faire pour vous ? Est-ce la beauté de Dieu ou les bienfaits de Dieu qui sont les plus prééminents ? Dieu aime partager ses bienfaits et veut que nous les célébrions, mais seulement si nous l'apprécions vraiment.

Dans un mariage sain, chacun des conjoints aime subvenir aux

---

4. Actes 14 : 22 ; Romains 8 : 17-18 ; Philippiens 1 : 29 ; 3 : 10-11 ; Hébreux 2 : 10 ; 5 : 8 ; 1 Pierre 2 : 19-21 ; 4 : 13-14, 19 ; 5 : 9-10 ; Apocalypse 2 : 10.

besoins de l'autre et le servir de différentes manières. Cependant, imaginez un jeune homme qui choisit une femme pour l'épouser et lui dit : « En fait, je ne te trouve pas belle et tu ne m'intéresses pas particulièrement, mais j'aimerais profiter de certains avantages que tu peux me procurer. » Quelle femme voudrait d'une telle demande en mariage ? Et pourtant, nous essayons d'intéresser les gens aux avantages que Dieu procure alors qu'ils ne le trouvent pas vraiment attirant.

Lorsque nous essayons d'attirer les gens à l'église sur la base des avantages que Dieu donne plutôt que sur la base de sa beauté, nous révélons le fait que nous ne trouvons pas Dieu vraiment beau. Cela soulève une question importante : si nous n'apprécions pas vraiment Dieu, pourquoi d'autres personnes devraient-elles être attirées par nos églises ? Pourquoi devraient-elles donner leur vie à un Dieu que nous ne trouvons pas particulièrement intéressant ?

La vérité est que nous sommes épris de notre propre « vocation », de notre propre « destinée » et de notre propre sentiment d'accomplissement parce que nous ne trouvons tout simplement pas Dieu infiniment beau. En conséquence, nous considérons à peine le fait que Jésus a attendu son héritage pendant des milliers d'années. Il a souffert plus que tout autre homme et n'a toujours pas reçu sa récompense, mais cela ne semble pas déranger des millions de chrétiens.

L'idée que nous devrions poursuivre notre destinée alors que le Fils de Dieu n'a pas encore sa récompense est une pure folie.

Il est temps pour une génération de donner la priorité à l'appel de Jésus plutôt qu'au leur. C'est la seule réponse raisonnable à sa magnificence. Nous devons trouver notre principale satisfaction dans le fait que Jésus reçoive sa récompense et son héritage. Jésus est exalté parce qu'il a donné sa vie pour assurer notre avenir, et le Père recherche un peuple qui pense de la même manière.[5] Nous contenterons-nous de le laisser attendre ? Ou allons-nous jouer notre rôle pour qu'il reçoive sa récompense ?

Il est temps de donner notre vie pour assurer la récompense de

---

5. 1 Corinthiens 2 : 16 ; Philippiens 2 : 5-11.

Jésus. Sa beauté devrait tellement captiver nos cœurs que nous trouvons notre principale satisfaction dans le fait qu'il reçoive ses promesses et ses récompenses, et non dans le fait que nous accomplissions nos propres objectifs. Je vous garantis que si vous donnez votre vie pour que Jésus reçoive sa récompense, il s'occupera de votre appel.

Lorsqu'un peuple contemple la splendeur de Jésus, il est libéré de la tyrannie de sa propre vocation et donne joyeusement sa vie pour voir Jésus recevoir sa pleine récompense.

Découvrir la vraie beauté

La beauté de Jésus est une beauté différente de toute autre beauté humaine, et nous avons besoin d'une révélation pour la voir et l'apprécier. Nos yeux doivent être renouvelés en contemplant Jésus avec l'aide de l'Esprit. Lorsque l'Esprit nous montre la vraie beauté de Jésus, nos désirs changent et il nous libère de notre dépendance à la beauté déformée dans ce temps présent. Lorsque cela se produira, les choses que nous trouvions belles auparavant deviendront soudainement grotesques. Comme Paul, nous dirons :

> *En ce qui me concerne, jamais je ne tirerai fierté d'autre chose que de la croix de notre Seigneur Jésus-Christ. Par elle le monde est crucifié pour moi, comme je le suis pour le monde (Galates 6 : 14).*

Lorsque nous contemplons Jésus, la beauté de ce temps présent devient hideuse, comme un homme brutalement exécuté. Cependant, si nous ne contemplons pas Jésus, nous finirons par imiter les définitions de la beauté du monde et par y apposer le nom de Jésus. Lorsque cela se produit, nous ne faisons pas de disciples ; nous formons des personnes religieuses qui aiment encore le monde.

Parfois, le discipulat est difficile parce que nous essayons de faire obéir à Jésus des personnes qui ne le trouvent pas admirable.

Beaucoup de gens trouvent noble ce que Jésus a fait sur la croix mais ils ne trouvent pas beau le Fils de Dieu crucifié. Le ciel tout entier, au contraire, est captivé par l'*Agneau immolé.*[6] Sa souffrance l'a marqué à jamais, et elle est devenue une partie de sa beauté. La crucifixion est la révélation la plus profonde de la nature de Dieu de ce temps présent et si vous ne percevez pas la beauté de Dieu dans sa souffrance, vous ne découvrirez pas la beauté sublime de Dieu. Si vous ne la voyez pas, vous ne voudrez pas devenir comme lui. Si vous ne voulez pas devenir comme lui, alors vous ne devez pas vous attendre à faire partie de son peuple dans le temps à venir.

Quand vous regardez la croix, voyez-vous *quelque chose* de noble ou voyez-vous *quelqu'un* de magnifique ?

Le discipulat commence par la contemplation, mais nous devons être captivés par la beauté de celui que nous regardons.

Affamés bien que suralimentés

Nous subissons une agression sans précédent sur la question de la beauté. L'agression en soi n'est pas nouvelle, mais nous vivons désormais dans un monde saturé de médias, constamment entourés d'images, de sons et de sensations destinés à captiver notre regard. La beauté et la fascination sont le champ de bataille du discipulat, car ce que nous trouvons beau et fascinant détermine en fin de compte ce que nous devenons.

Le cœur humain n'est pas statique, il est dynamique. Lorsque nous contemplons Jésus à travers l'activité de l'Esprit, il transforme nos cœurs et nos désirs. Mais si nous ne contemplons pas Dieu, nous succomberons à l'influence écrasante des fausses définitions de beauté auxquelles nous sommes confrontés chaque jour.

Grâce à la réalité virtuelle et à l'imagerie numérique, toute imagination peut désormais devenir visible, et nous sommes désormais immergés dans une beauté contrefaite et des sources de fascination destructrices. En outre, l'ennemi stimule intentionnellement nos désirs pour créer un environnement sursaturé, de sorte que nous n'aurons jamais assez faim pour avoir envie de la vraie beauté.

---

6. Apocalypse 5 : 6-10.

Nous nous sommes gavés au buffet de la fausse beauté de l'ennemi et, par conséquent, nous sommes spirituellement affamés parce que nous sommes suralimentés.

Le jeûne fait partie de la vie chrétienne. Il comprend le jeûne alimentaire et d'autres formes de retenue. Vous ne jeûnez pas pour « gagner » quelque chose de Dieu ; vous jeûnez pour rencontrer la faim et briser l'emprise de la fausse fascination sur votre vie. Les personnes qui sont trop nourries n'ont pas faim d'autre chose, mais si vous commencez à refuser la beauté contrefaite, vous développerez bientôt une faim pour la vraie beauté.

Nous devons développer un « style de vie de jeûne » et éviter intentionnellement de trop manger au faux buffet de la beauté afin de pouvoir rencontrer ce qui est réel et ce qui est vrai. Si nous adoptons une retenue intentionnelle, cela ouvrira une porte au plaisir que ceux qui sont suralimentés ne peuvent imaginer. Si nous ne prenons pas de recul par rapport au faux buffet de la beauté, nous ne développerons jamais un désir pour la beauté divine.

Le grand besoin de notre temps présent est un peuple qui contemple la beauté de Dieu par l'Esprit et qui est satisfait par lui.

6

LE COMMANDEMENT DE PRENDRE PLAISIR

Lorsque nous trouvons Jésus beau, nous prenons un *plaisir profond* en lui.

Connaissant le pouvoir de la beauté et du plaisir, Dieu nous a donné le commandement de nous délecter en lui :

Fais de l'Eternel tes délices... (Psaumes 37 : 4).

La Bible nous ordonne à plusieurs reprises de prendre plaisir en Dieu. Le plaisir n'est donc pas facultatif, mais c'est peut-être l'un des commandements les plus négligés. L'ironie de ce commandement est que nous ne pouvons pas l'accomplir en faisant des choses. Nous ne pouvons l'accomplir que lorsque nous apprécions profondément Dieu. Dieu ne veut pas simplement que nous nous soumettions à lui ; il veut que nous fassions de lui nos délices.

Nous ne pouvons pas plaire à Dieu si nous ne nous régalons pas de lui.

Il y a plusieurs raisons pour lesquelles les gens essaient d'obéir à Dieu ou le recherchent, mais Dieu cherche une Eglise qui trouve sa joie en lui. Il veut un peuple qui trouve du plaisir en lui, tout comme il trouve un plaisir intense dans son peuple.[1]

Le discipulat doit produire du plaisir.

Beaucoup de gens sont reconnaissants envers Dieu pour ce qu'il a fait pour eux, mais ils ne trouvent pas leur plaisir en lui. Je suis extrêmement reconnaissant envers les personnes qui emportent mes déchets chaque semaine. Cependant, ils ne font pas mon plaisir. En fait, je ne les connais même pas. Ma gratitude envers les éboueurs est très réelle et sincère, mais ce n'est pas du plaisir.

Concevons-nous l'Eglise de manière à ce qu'elle amène les gens à trouver leur plaisir en Dieu ? Aidons-nous les gens à faire du Seigneur leur délice ou simplement à le servir ?

Le plaisir sans condamnation

Nous ne devons pas permettre que le commandement de Dieu de trouver notre joie en lui alimente la condamnation. La condamnation peut produire l'obéissance, mais elle ne peut pas produire un véritable plaisir. Si vous avez du mal à trouver votre joie en Dieu, vous ne devez pas lire ce commandement et penser : « Non seulement je ne lui obéis pas parfaitement, mais maintenant je dois aussi prendre plaisir en lui, sinon il n'est pas satisfait de moi. » Si vous êtes nés de nouveau, Dieu prend plaisir en vous à cause de ce que Jésus a accompli, et non à cause de ce que vous avez fait.

Dans le commandement de trouver notre joie en lui, nous devrions entendre le désir de Dieu pour une relation réelle où nous l'apprécions vraiment. Le plaisir authentique n'est pas quelque chose que l'on se force à faire. Il est profondément plaisant. Il est satisfaisant. Il est exaltant. Il est agréable. La seule façon d'accomplir ce commandement est d'atteindre un stade où nous prenons profondément plaisir en Dieu. Ainsi, ce commandement est destiné à notre bonheur et à notre joie.

---

1. Nombres 14 : 8 ; Deutéronome 30 : 9 ; Psaumes 147 : 11 ; 149 : 4 ; Esaïe 62 : 4-5 ; Sophonie 3 : 17 ; Jean 15 : 11.

Le commandement de se délecter de Dieu est le commandement le plus répété dans la Bible.[2]

Tout au long des Ecritures, Dieu décrit avec passion et à plusieurs reprises, sa douleur à l'égard des personnes qui le servent mais n'entrent jamais dans la joie :

> *Elles seront à toujours pour tes descendants et toi comme des signes et des prodiges. Pour n'avoir pas, au milieu de l'abondance générale, servi l'Eternel, ton Dieu, avec joie et de bon cœur (Deutéronome 28 : 46-47).*
>
> *Vous tous qui avez soif, venez vers l'eau, même celui qui n'a pas d'argent ! Venez, achetez et mangez, venez, achetez du vin et du lait sans argent, sans rien payer ! Pourquoi dépensez-vous de l'argent pour ce qui ne nourrit pas ? Pourquoi travaillez-vous pour ce qui ne rassasie pas ? Ecoutez-moi vraiment et vous mangerez ce qui est bon, vous savourerez des plats succulents (Esaïe 55 : 1-2).*
>
> *Ciel, sois-en consterné, sois-en horrifié, atterré ! déclare l'Eternel. En effet, c'est un double mal que mon peuple a commis : ils m'ont abandonné, moi qui suis une source d'eau vive, pour se creuser des citernes, des citernes fissurées qui ne retiennent pas l'eau (Jérémie 2 : 12-13).*

Vous pouvez servir Dieu et lui obéir, mais il n'est pas satisfait tant que vous ne trouvez pas vraiment votre plaisir en lui. Il veut que le désir de plaisir qu'il vous a donné soit pleinement satisfait au seul endroit où il peut l'être : en lui. Si vous ne trouvez pas encore votre plaisir en lui, n'ayez pas peur et ne soyez pas surpris. Nous sommes nés dans un monde déchu où nous ne trouvons pas naturellement notre plaisir en lui, mais il nous a poursuivis avec joie. La relation de Dieu avec vous est fondée sur son désir, et non sur vos performances, et elle est garantie par le sang de son Fils, et non par votre bonté intrinsèque. Si vous ne trouvez pas votre joie en Dieu, n'abandonnez

---

2. Jon Bloom, « The most repeated command in the Bible »
https://www.desiringgod.org/articles/the-most-repeated-command-in-the-bible/,
consulté le 27 octobre 2020.

pas. Adoptez le processus du discipulat. En vous engageant activement dans celui-ci, Dieu vous transformera et remodèlera vos désirs pour que vous vous délectiez de lui.

Le commandement de Dieu de prendre plaisir en lui n'est pas un autre commandement destiné à montrer comment vous ne répondez pas aux exigences de Dieu. Il s'agit d'une invitation à vivre le discipulat afin de commencer à expérimenter le plaisir inégalé de la connaissance de Dieu.

Le plaisir de la discipline

Il y a des moments où nous devons adopter une discipline même si nous ne ressentons pas de plaisir. La beauté de Dieu et le plaisir que nous éprouvons pour sa beauté nous stimulent pour adopter des disciplines spirituelles. Ces pratiques nous positionnent d'une meilleure manière pour contempler Dieu, trouver notre plaisir en lui et devenir comme lui.

Si le désir de se délecter de la beauté de Dieu n'est pas la motivation de nos disciplines spirituelles, celles-ci finiront par échouer ou par devenir de vaines habitudes.

Nous vivons à une époque de « mouvements », et parmi les plus grands aujourd'hui, on peut en citer deux en particulier : « Le mouvement de prière et le mouvement d'adoration. » Pour que ces mouvements puissent engendrer ce que Dieu désire, ils doivent être construits sur le principe du plaisir trouvé dans la beauté de Dieu.

La prière est un mystère. C'est un travail difficile, et souvent les réponses semblent tarder ou arrivent d'une manière que nous n'attendions pas. En conséquence, les gens peuvent souvent se décourager et abandonner peu à peu leur rythme de prière si celle-ci est réduite à des requêtes.

La discipline de la prière est précieuse, mais elle ne suffit pas à alimenter un mouvement de prière.

La prière concerne bien plus que l'avancement du royaume de Dieu. Dieu nous a fait don de la prière parce qu'il veut entrer en relation avec nous. La prière est une conversation qui nous amène à rencontrer sa beauté. Nous associons la prière aux requêtes, mais elles ne sont qu'un petit aspect de la prière. La prière est une occasion de rechercher la beauté du Seigneur et, par conséquent, la prière a son but en elle-même.

Nous avons également un accès à l'expression musicale de l'adoration plus grand que n'importe quelle autre génération dans l'Histoire. C'est un don précieux si elle nous amène à apprécier Dieu. Lorsque l'adoration devient une expérience destinée à soigner nos émotions, à apaiser nos angoisses et à nous faire nous sentir mieux dans notre peau, ce n'est plus de l'adoration. C'est de la thérapie musicale.

L'adoration doit nous amener à nous délecter *de Dieu*, et non de nous-mêmes. Elle nous amène à aborder nos problèmes les plus profonds en contemplant la beauté de Dieu. L'adoration doit nous amener à nous *réjouir en* Dieu, et non à être heureux sur le moment. Le bonheur est une émotion passagère qui est souvent très égocentrique. Le délice est l'expérience d'un profond plaisir dans une personne. L'adoration devrait produire du *plaisir* dans nos âmes.

Les expressions modernes d'une ancienne idolâtrie

Du fait que les humains sont conçus pour adorer, ils vont adorer quelque chose ou quelqu'un. Lorsque nous n'apprenons pas aux gens à contempler la beauté de Jésus, nous les conduisons involontairement vers le péché d'idolâtrie. Nous avons tendance à considérer l'idolâtrie comme le culte des images, mais la plus grande idolâtrie de toutes est l'idolâtrie de soi. Lorsque l'Evangile se concentre davantage sur nous que sur Jésus, nous sommes conduits vers une forme d'idolâtrie qui est scandaleusement acceptable de nos jours.

Considérez la mise en garde d'un théologien contre un Christianisme centré sur lui-même :

Une grande partie de l'Eglise d'aujourd'hui, surtout sa partie évangélique, est captive de l'idolâtrie du moi. Il s'agit d'une forme de corruption bien plus profonde que la liste des infractions qui nous viennent généralement à la pensée lorsque nous entendons le mot

« péché ». Nous essayons de tenir à distance les moucherons des petits péchés tout en avalant le chameau du moi. Il s'agit d'une idolâtrie aussi répandue et aussi invalidante sur le plan spirituel que les nombreux liens avec les religions païennes qui nous sont racontés dans l'Ancien Testament. Le fait que cette dévotion au moi ne semble pas ressembler à cette ancienne dévotion à un dieu païen, aveugle l'Eglise sur sa propre infidélité. Le résultat final, cependant, n'est pas moins dévastateur, car le moi n'est pas moins exigeant. C'est un centre d'attention aussi puissant que n'importe quel dieu ou déesse sur le marché. L'Eglise contemporaine se prostitue auprès de ce dieu aussi assidûment que les Israélites en leurs jours sombres. Elle valide comme un objet de foi l'orgueil qui nous conduit à penser beaucoup trop à nous-mêmes.[3]

Considérez l'avertissement d'un autre pasteur :

Réalisons-nous à quel point la culture de Baal de Canaan est reproduite presque exactement dans la culture de l'Eglise américaine ? La religion de Baal mettait l'accent sur ce qui vous procure une sensation de bien-être. Le culte de Baal est une immersion totale dans ce que je peux en retirer. Et bien sûr, il a eu un succès incroyable... Une façon de définir la vie spirituelle est d'être tellement fatigué et fatigué de soi-même que l'on passe à quelque chose de mieux, qui est de suivre Jésus. Mais dès que nous commençons à faire de la publicité pour la foi en termes de bénéfices, nous ne faisons qu'exacerber le problème du moi. « Avec le Christ, vous êtes meilleurs, plus forts, plus sympathiques, vous jouissez d'une certaine extase. » Mais ce n'est que de l'égoïsme. Nous voulons plutôt que les gens s'ennuient d'eux-mêmes pour qu'ils puissent commencer à regarder Jésus.[4]

---

3. David F. Wells, *Losing Our Virtue* (Grand Rapids: Eerdmans, 1998), 203-204.
4. Eugene Peterson, "Spirituality for All the Wrong Reasons", *Christianity Today*, mars 2005, 45.

Ce problème n'est pas limité à la culture de l'Eglise américaine. L'idolâtrie du moi est une tendance naturelle. Cette idolâtrie peut même paraître très « spirituelle » :

> Nous avons tous rencontré un certain type de personne spirituelle. C'est une personne merveilleuse. Elle aime le Seigneur. Elle prie et lit la Bible tout le temps. Mais elle ne pense qu'à elle-même. Ce n'est pas une personne égoïste. Mais elle est toujours au centre de tout ce qu'elle fait. « Comment puis-je mieux témoigner ? Comment puis-je mieux faire cela ? Comment puis-je mieux m'occuper du problème de cette personne ? » C'est moi, moi, moi, déguisé d'une telle manière qu'il est difficile de le discerner parce que son discours spirituel nous désarme.[5]

Comment éviter cette idolâtrie ? La réponse est simple : apprendre aux gens à contempler la beauté de Dieu. Lorsque les gens deviennent captivés par la beauté divine et perçoivent la valeur inexprimable de l'invitation à participer à l'histoire de Jésus, ils sont libérés de leur égocentrisme.

Quelle image ?

Les êtres humains ont été créés à l'image de Dieu, et nous reflétons donc naturellement ce que nous contemplons et adorons. Si nous ne le contemplons pas, nous refléterons inévitablement une autre image. Mais grâce à l'action du Saint-Esprit, nous pouvons répondre à notre appel d'être transformés à l'image de Dieu :

> Etre « transformés [*metamorphoō*] par le renouvellement de votre intelligence » en Romains 12 : 2, est l'équivalent virtuel de « devenir conformes [*symmorphos*] à l'image du fils [de Dieu] » en Romains 8 : 29. Une telle équivalence est mise en évidence par l'observation de la combinaison de « renouvellement » et « image » dans Colossiens

---

5. Eugène Peterson, "Spiritualité pour toutes les mauvaises raisons", 45.

3 : 10 : « Vous avez revêtu l'homme nouveau, qui se renouvelle dans la connaissance, à l'image de celui qui l'a créé... » De même, 2 Corinthiens 3 : 18 affirme que ceux qui veulent être près du Seigneur prendront sa ressemblance : « Ils contempleront comme dans un miroir la gloire du Seigneur et seront transformés [*metamorphoō*] en une même image de gloire en gloire, par l'Esprit du Seigneur. » Il est remarquable que, parmi les huit utilisations du mot « image » (*eikōn*) chez Paul, seules deux apparaissent en Romains, 1 : 23 et 8 : 29. Cela suggère que l'image du Fils de Dieu à laquelle les chrétiens deviennent conformes en Romains 8, est l'antithèse de « l'image » que l'humanité incrédule avait échangée à la place de la gloire de Dieu en Romains 1. De même, le transfert futur de la création « de son esclavage à la corruption, à la liberté de la gloire des enfants de Dieu », implique à nouveau la « corruption » que les humains ont connue lorsqu'ils ont « échangé la gloire » de Dieu en Romains 1 : 23 et leur future reconquête de cette gloire réfléchie... Ces combinaisons uniques « d'image » et « de gloire » dans Romains 1 et Romains 8 montrent que le second développe l'antithèse du premier comme un tremplin vers Romains 12 : 2. La déduction que l'on peut en faire est que, si l'on n'aime pas « Dieu » (Romains 8 : 28) et que l'on n'est pas, par conséquent, « conforme à l'image du Fils de Dieu », alors on « aime » un autre objet terrestre d'adoration et, de ce fait, on est conforme à cette image terrestre.[6]

La réponse à la beauté divine

Parce que les humains recherchent la beauté et imitent ce qui les fascine, l'adoration est le fruit du plaisir et du discipulat :

Le but suprême de l'Eglise n'est pas la mission, mais l'adoration. Si la mission existe, c'est parce que l'adoration n'existe pas. Le but suprême est l'adoration, non pas la mission, car Dieu est suprême,

---

6. G. K. Beale, *We Become What we Worship: A Biblical Theology of Idolatry* (Downers Grove : InterVarsity Press, 2008), 218-219.

non pas l'homme. Lorsque cette période de l'Histoire arrivera à sa fin, et que d'innombrables millions de rachetés se prosterneront devant le trône de Dieu, la mission cessera. La mission est une nécessité temporaire ; l'adoration, en revanche, demeure éternellement.[7]

La crise de notre époque est une crise d'*adoration,* et par conséquent, le péché humain fondamental dans la Bible est l'idolâtrie.[8] L'idolâtrie, c'est plus que l'adoration d'objets physiques, c'est l'adoration de tout ce qui n'est pas destiné à être adoré. L'agitation que nous connaissons dans notre temps présent est l'effet permanent d'une adoration mal orientée.

Les humains sont faits pour adorer, et ils adorent toutes sortes de choses, même s'ils ne reconnaissent pas qu'il s'agit d'une adoration. Par exemple, l'obsession des célébrités et autres personnes puissantes ou douées est une sorte d'adoration. L'idolâtrie des athlètes doués et la dévotion extrême aux sports sont également des formes d'adoration. Lorsque les gens ne sont pas fascinés par Dieu, ils adulent toutes sortes de choses. Il existe différents degrés et expressions d'adoration, mais l'affection, la dévotion et la joie associées à des personnes, des équipes, des événements et des mouvements sont en fait de l'adoration.

Tout au long de la Bible, Dieu ordonne l'adoration,[9] ce qui conduit certains à accuser Dieu d'être arrogant et égoïste. Ceux qui accusent Dieu d'arrogance et d'orgueil à cause de ses commandements répétés ne comprennent cependant pas qui il est ni comment fonctionne le cœur humain.

Le commandement le plus bienveillant

On reproche souvent à Dieu d'exiger l'adoration, mais en réalité, le

7. John Piper, *Let the Nations Be Glad! The Supremacy of God in Missions* (Grand Rapids: Baker, 1993/2003), 17.

8. N. T. Wright, *The day revolution began* (New York: HarperCollins, 2016), 74.

9. 1 Chroniques 16 : 29 ; Psaumes 29 : 2 ; 95 : 6 ; 96 : 9 ; 99 : 5, 9 ; Esaïe 42 : 10 ; Jérémie 31 : 7.

commandement de Dieu d'adorer est le commandement le plus empreint de bienveillance qu'il puisse donner.

Il y a plusieurs raisons pour lesquelles le commandement d'adorer démontre l'affection de Dieu pour nous. *Premièrement, nous deviendrons ce que nous adorons.* L'adoration conduit à l'imitation, et les spécialistes du marketing le savent peut-être mieux que quiconque. C'est pourquoi ils font constamment appel à des célébrités et à des athlètes pour soutenir des produits, sachant que nous les achèterons parce que les célébrités les utilisent. Nous n'avons peut-être pas besoin de ces produits, et les célébrités ne sont peut-être pas qualifiées pour les évaluer, mais cela n'a aucune importance, car nous voulons devenir comme les objets de notre adoration.

Par exemple, les fabricants de chaussures paieront des millions de dollars pour que quelqu'un porte leurs chaussures parce que des millions de personnes les achèteront si un athlète qu'elles idolâtrent les porte. Ces chaussures n'apporteront pas grand-chose aux personnes qui les posséderont car elles ne verront pas leurs performances sportives s'améliorer subitement parce qu'elles portent les mêmes chaussures qu'un sportif connu. Cependant, les spécialistes du marketing savent que l'adoration de ceux-ci alimente l'imitation et que les gens achèteront des chaussures pour imiter un athlète, même si elles ne produiront, en fin de compte, aucune transformation réelle.

Dans les sociétés riches, le consumérisme est une religion et une forme d'adoration.[10] En entrant dans les magasins (ou en faisant des achats en ligne), nous trouvons des images de célébrités et de mannequins qui nous sont présentées comme des demi-dieux, car elles sont des images de quasi perfection. Ces images sont belles, et par conséquent, nous aspirons à imiter ces personnes, et nous sommes invités à les imiter en achetant. L'acte d'achat devient un acte d'adoration car nous contemplons des objets de beauté (célébrités ou mannequins) et cherchons à les imiter en achetant leurs vêtements, chaussures ou

---

10. James K. A. Smith a beaucoup écrit sur le consumérisme en tant que culte et sur sa relation avec la vie de disciple dans son ouvrage *Desiring the Kingdom*.

accessoires. Une fois de plus, nous donnons un pouvoir incroyable à l'objet de notre adoration et dépensons des millions de dollars chaque année pour tenter d'imiter des personnes que nous trouvons belles.[11]

Si nous ne pouvons pas reconnaître les magasins stationnaires, les magasins en ligne et les stades de sport comme des lieux d'adoration, nous ne comprenons pas la véritable nature de l'adoration. L'adoration produit l'imitation, et ceux qui adorent paieront un prix pour imiter ceux qu'ils adorent.

Lorsque Dieu nous ordonne de l'adorer, il nous invite à devenir comme lui. En outre, il est le seul sujet d'adoration qui ne cherche pas à tirer profit de notre dévotion. Par conséquent, l'adoration est un profond privilège qui ne nous dévalorise pas, elle nous élève.

Deuxièmement, lorsque nous adorons, nous donnons à l'objet de notre adoration un pouvoir et une influence sur nos vies. Encore une fois, considérez l'incroyable influence que les célébrités et d'autres personnes exercent sur nos vies. Dans les démocraties libérales, lorsque des élections ont lieu, les candidats font généralement appel à des personnes connues et puissantes pour les soutenir. Par exemple, ils cherchent généralement à obtenir le soutien d'athlètes, d'acteurs et d'artistes. D'un point de vue logique, ces parrainages n'ont guère de sens. Par exemple, un acteur est capable d'imiter une autre personne, et un artiste sait comment jouer de la musique. Ces talents sont complètement différents des compétences nécessaires pour diriger un gouvernement. Un chef de gouvernement doit être capable de résoudre des problèmes complexes, avoir une excellente maîtrise de la budgétisation, savoir naviguer dans de grandes organisations et gérer la bureaucratie. En bref, les chefs de gouvernement doivent être d'excellents administrateurs qui comprennent la comptabilité, ce qui implique des compétences qui ne sont généralement pas associées à une célébrité.

Bien que les célébrités ne soient pas qualifiées pour évaluer les

11. James K. A. Smith, *Desiring the Kingdom (Cultural Liturgies)* (Grand Rapids: Baker, 2009), 19-23.

candidats d'un gouvernement, leur soutien est précieux car l'adoration que nous leur vouons leur confère une influence incroyable sur nos vies. Cette influence est constamment manipulée par des entreprises et des campagnes politiques qui tirent parti de notre adoration pour atteindre leurs objectifs.

Dieu nous ordonne d'adorer, sachant que cela lui donnera une profonde influence sur nos vies. Lorsque les humains exigent l'adoration, c'est incroyablement égoïste, mais Dieu est complètement différent de nous. Il est la seule Personne dans le cosmos qui cherche naturellement le bien des autres, même au prix de sa propre vie.[12] Il est la seule Personne à laquelle nous devrions céder, car il utilisera toujours son pouvoir sur nous à notre avantage. Ceux qui critiquent Dieu pour cela négligent le fait que Dieu est le seul sujet d'adoration sûr dans le cosmos.

Troisièmement, l'adoration est intensément plaisante. La véritable adoration est volontaire, et elle apporte du plaisir. Les gens ne sont pas forcés d'adorer des célébrités. Ils les trouvent naturellement belles et prennent plaisir à rechercher leur vie et à essayer de les imiter. Il n'est pas nécessaire de contraindre des supporters d'aduler leurs stars dans un stade. Ils se rassemblent pour contempler la beauté des athlètes et éprouver du plaisir dans le jeu. Personne ne donne d'ordre aux supporters pour qu'ils poussent des acclamations lorsque leur équipe marque un but. Ils éclatent naturellement en louanges, exprimant ainsi le débordement émotionnel de leur joie devant ce qu'ils ont vu. Personne n'a besoin de supplier les gens de se rassembler pour saluer une célébrité. Les individus trouvent naturellement du plaisir à contempler un objet de véritable admiration.

Les humains sont faits pour avoir des envies sans fin. Ce qui nous satisfait ne dure qu'un instant et ne nous laisse jamais complètement comblé. Les désirs humains les plus fondamentaux, comme les interactions sociales, le repos, la nourriture ou le sexe, peuvent tous être satisfaisants sur le moment, mais pas en fin de compte. L'envie d'en avoir plus reviendra toujours.

---

12. Par exemple, voir Philippiens 2 : 5-8.

Nous n'avons pas été créés pour vivre une expérience et être satisfaits parce que notre capacité à éprouver du plaisir est infinie. Nous ne sommes pas des machines qui ont besoin d'un entretien périodique. Nous sommes des créatures émotives dotées d'une profonde capacité de plaisir permanent, poussées à en rechercher et à en apprécier sans cesse des dimensions plus profondes. En fait, les gens prennent des risques incroyables dans la vie pour rechercher le plaisir. Ils sont prêts à tout risquer pour la promesse de leur satisfaction. La soif de plaisir est l'expression d'un désir conçu pour être comblé en Dieu.

Nous avons été créés avec un désir infini, et seul un être infini peut satisfaire un désir infini.

L'adoration est un parcours de découverte sans fin, car la beauté de Dieu est inépuisable. Le commandement d'adorer est une invitation au plaisir. Dieu vous a créés pour savourer un plaisir intense, et l'adoration est la porte d'entrée du plaisir le plus profond que le cœur humain puisse éprouver.

Le plaisir en un homme divin

Le cœur humain aspire à quelque chose de plus grand que lui. L'Histoire le montre clairement, car les humains sont prêts à faire des sacrifices incroyables pour de grandes causes et de grands rêves. Des millions de personnes sont mortes volontairement - et même avec dévouement - sur des champs de bataille, dans l'espoir de réaliser un rêve bien plus grand que leur propre vie.

Dans un effort pour remplir les églises, il est courant qu'elles se concentrent presque entièrement sur le « nous », en mettant l'accent sur notre succès, nos appels, nos désirs et notre bonheur. Jésus est souvent considéré comme un moyen de parvenir à notre succès et à notre avenir. Cette focalisation sur l'homme dans nos assemblées, est conçue pour attirer les gens à l'église, mais en réalité elle les empêche de rencontrer le vrai plaisir. Des millions de personnes s'ennuient dans les églises parce que tout ce qu'elles entendent est centré sur elles, alors que leur cœur aspire vraiment à quelque chose de beaucoup plus grand qu'elles-mêmes.

L'adoration biblique est une pratique spirituelle qui concentre le cœur humain sur la Personne la plus belle et attire l'attention sur le seul qui peut remplir le cœur humain d'un plaisir suprême. La beauté de Dieu et le plaisir qui accompagne sa beauté produisent le véritable amour et sont la motivation biblique pour embrasser la discipline, l'obéissance, la mission et l'abnégation.

L'amour permet au cœur humain d'embrasser les niveaux les plus profonds de sacrifice, mais nous essayons fréquemment de convaincre les membres de l'église de servir quelqu'un qu'ils n'aiment pas encore.

Dieu pouvait faire le monde comme il l'entendait, mais il l'a fait de telle sorte que presque tous les aspects de notre vie - même les choses les plus normales - ont la capacité de produire du plaisir. Nos plaisirs quotidiens, petits et grands, sont des reflets de sa personnalité ; ce sont comme des miettes de pain intentionnellement disposées pour nous attirer vers le fondement du désir. Dieu aime son peuple et y trouve un plaisir extraordinaire,[13] et nous avons été créés pour trouver en lui un plaisir correspondant.

Les gens pensent généralement que le sacrifice est la plus grande expression de l'amour, mais ce n'est pas le cas. Les gens peuvent se sacrifier pour des choses qu'ils croient justes, même s'ils ne les aiment pas. La plus grande expression de l'amour est le plaisir. Si Dieu est celui que nous aimons le plus et s'il est la personne la plus belle, nous devons nous demander *si nous prenons plaisir en lui*. Se délecter de lui est la plus haute expression de l'affection pour Dieu, et le discipulat biblique devrait amener une personne à trouver sa joie en Dieu.

Si nous conduisons les gens à l'obéissance mais pas au délice, nous sommes mal orientés. Bien sûr, si nous amenons les gens à se réjouir sans obéir, c'est irresponsable, mais parmi les chrétiens qui

---

13. Nombres 14 : 8 ; Deutéronome 30 : 9 ; Psaumes 147 : 11 ; 149 : 4 ; Esaïe 62 : 4, 5 ; Sophonie 3 : 17 ; Jean 15 : 11.

aiment la Bible et cherchent à lui obéir, obéir à la Bible sans savourer Dieu est probablement un problème beaucoup plus courant.

Discipuler par l'adoration pour l'adoration

La véritable adoration est l'expression de la beauté, du désir et du plaisir. Il s'agit là de besoins humains fondamentaux, et Dieu nous ordonne de les satisfaire pleinement en adorant le seul qui puisse vraiment les satisfaire.

Pour résumer, l'adoration est le fruit du discipulat parce que :

1. Elle nous amène à devenir comme Dieu, ce qui est le but ultime du discipulat.
2. Elle donne à Dieu une influence profonde sur nos vies, et le discipulat produit un peuple qui obéit à tout ce que Dieu ordonne.
3. Elle nous oriente vers le plaisir infini de découvrir qui est Dieu. Le plaisir de contempler Dieu produira naturellement l'imitation et l'obéissance.

Nous devons réaliser que l'expression musicale de l'adoration joue un rôle profond dans le discipulat. Elle éveille nos émotions ; elle nous enseigne la théologie ; elle nous donne une image de Dieu ; et elle nous pousse à répondre à Dieu. Bien que l'enseignement soit important, la musique nous touche généralement plus que l'enseignement. Si notre adoration communautaire n'est pas alignée sur ces trois objectifs, alors ce n'est pas une vraie adoration et nous devons faire les ajustements nécessaires.

Les chantres, les musiciens et les auteurs-compositeurs doivent aborder leur art comme un instrument de discipulat, et non comme un moyen de divertissement religieux.

Nous avons vu que contempler quelqu'un de magnifique et prendre un plaisir profond en lui sont la base du discipulat, ce qui soulève une question clé : *comment le contempler ?* Dieu est descendu de manière visible sur le mont Sinaï, et Paul a vu Jésus sur le chemin de Damas. Pourtant, ces événements étaient très inhabituels. Le

Seigneur se révèle encore de manière spectaculaire, mais nous sommes manifestement appelés à le contempler comme un style de vie.

Nous allons découvrir comment la Bible nous dit de contempler la gloire de Dieu, mais nous devons d'abord poser un autre fondement. Nous devons voir que la contemplation ne se limite pas à l'expérience individuelle et aux moments uniques de l'Histoire de la rédemption. Depuis le tout début, la contemplation a été le modèle biblique pour une communauté lorsqu'elle se rassemble, et c'est ce que nous devons découvrir ensuite.

PARTIE II

UN PEUPLE QUI CONTEMPLE

7

LE PROJET DIVIN

DIEU A CONÇU *l'histoire de la rédemption pour former un peuple qui contemple ensemble sa beauté et qui est ensuite transformé à son image.*

Dieu dirige l'Histoire afin de produire une Epouse glorieuse pour son Fils. Cette Epouse est un peuple communautaire qui sera « compatible » avec Jésus parce qu'il aura été façonné et formé pour devenir comme lui. Jésus a attendu ce peuple pendant des milliers d'années, et le Père brûle du désir de donner à son Fils cette magnifique récompense.

En gardant cela à la pensée, nous devons nous poser une question clé : *Comment vivre ensemble pour devenir le peuple que Dieu désire que nous soyons ?*

Comme nous l'avons dit, la conversion de Paul l'a amené à comprendre que le discipulat commence par la contemplation. Après sa conversion, Paul a établi de nouvelles communautés ecclésiales sur un même fondement de contemplation collective, mais ce modèle n'était pas une innovation du Nouveau Testament. La contemplation collective est au cœur du projet de Dieu pour son peuple depuis le début, et il doit façonner les pratiques de l'église locale afin qu'elle soit une communauté qui produit les personnes que Dieu désire.

Regardons, maintenant, comment Paul et les autres apôtres ont compris le plan de Dieu pour son peuple et comment cela a influencé leur vision de l'église locale.

Tout a commencé dans un jardin-temple

Tout a commencé avant la chute, lorsque Dieu a placé l'humanité dans un jardin en Eden. Lorsque nous lisons Genèse 1-3 dans son contexte initial, nous voyons qu'il s'agit de bien plus qu'un jardin cultivé. Le « jardin » est une sorte de temple formant un grand ensemble où Dieu habite dans sa création. Dès le début, la Bible présente l'humanité comme une créature sacerdotale vivant dans un jardin et ayant un accès unique à la présence de Dieu.[1]

Dieu a également créé l'humanité à son « image »,[2] ce qui signifie qu'elle a été créée pour être une représentation de Dieu dans la création. Pour utiliser une analogie, l'homme était « l'idole » de Dieu.[3] Comme toute autre idole, l'humanité n'était pas une manifestation complète de Dieu, mais elle a été conçue pour être une représentation authentique de Dieu en qui la création pouvait voir, expérimenter et interagir avec la nature de Dieu.

Lorsque nous regardons le jardin, nous voyons plusieurs choses :

- Nous y voyons le premier temple parce que le jardin était la demeure de Dieu. En fait, le tabernacle et le temple qui sont venus plus tard, contenaient des images et des objets rappelant visuellement le jardin.
- Nous y voyons les premiers sacrificateurs parce qu'Adam et Eve ont reçu une mission sacerdotale. Ils avaient accès à la présence de Dieu, le servaient et devaient le représenter auprès du reste de la création.

---

1. G. K. Beale, *The Temple and the Church's Mission: A Biblical Theology of the Dwelling Place of God,* ed. D. A. Carson, vol. 17, New Studies in Biblical Theology (Downers Grove, IL; Angleterre: InterVarsity Press; Apollos, 2004), 66-67.
2. Genèse 1 : 26 ; 5 : 1 ; 9 : 6 ; 1 Corinthiens 11 : 7 ; 15 : 47-49 ; Colossiens 3 : 10 ; Jacques 3 : 9.
3. Crispin Fletcher-Louis, *Jesus Monotheism* (Eugene: Cascade Books, 2015), 283.

- Nous y voyons les premiers conducteurs de louange parce qu'Adam et Eve ont été chargés de conduire la création dans l'adoration.
- Nous y voyons les premiers missionnaires parce qu'Adam et Eve ont reçu l'ordre d'étendre les limites du jardin afin que le monde extérieur puisse faire partie du sanctuaire du temple.

Pour vivre pleinement en tant qu'image de Dieu dans le monde créé, l'humanité devait contempler Dieu et être transformée afin de pouvoir refléter au reste de la création ce qu'elle avait rencontré. Sans contemplation, l'humanité n'aurait pas su qui elle était censée être, et sans transformation, elle ne serait pas devenue l'image qu'elle était censée devenir.

Lorsque l'humanité a chuté et a été chassée du jardin, elle n'a plus fonctionné correctement en tant qu'image de Dieu, car elle n'avait plus l'accès immédiat à la contemplation de Dieu, ni la capacité de le représenter correctement. Les effets du péché, dans le cœur humain, ont empêché l'humanité d'être transformée à l'image de Dieu. Il s'en est suivi un chaos et une dévastation immédiate, et le livre de la Genèse raconte les résultats tragiques de la chute de l'humanité.

Si la chute a créé un traumatisme incroyable, elle n'a pas interrompu l'engagement de Dieu à demeurer parmi un peuple qui le contemple. Par exemple, la vie des patriarches a été marquée par une pratique consistant à construire des autels dans des lieux sacrés où ils rencontraient la présence de Dieu. Lorsque ces histoires sont lues dans le cadre plus large du récit biblique, elles pointent vers le sanctuaire d'adoration à venir et elles soulignent le désir de Dieu d'habiter parmi son peuple. Le lien est si fort que G.K. Beale suggère qu'elles témoignent que la mission de Dieu est en fait l'expansion de son tabernacle sur toute la terre. [4]

Dieu a choisi Abraham et les patriarches qui l'ont suivi, pour être un moyen par lequel les nations seraient bénies, et ce n'est pas une

---

4. Voir G.K. Beale, *The Temple and the Church's Mission*, 99-103.

coïncidence si leurs vies ont été marquées par des rencontres avec Dieu dans des lieux où ils construisirent des autels. Les autels qu'ils ont construits et la présence qu'ils ont expérimentée étaient un avant-goût de ce que Dieu désirait. Bien que le péché ait créé un énorme problème, il n'a pas interrompu le plan de Dieu. La mission qu'il a commencée en Eden se poursuivrait.

Après la chute, Dieu a mis en œuvre un plan pour racheter l'homme et produire l'image humaine qu'il désirait. Ce plan nous conduit à un événement spectaculaire sur une montagne. Nous l'avons déjà brièvement examiné, mais nous devons y revenir.

Dieu est descendu et a formé un peuple

Dieu a commencé son plan pour former un peuple communautaire en choisissant la famille d'Abraham. A travers cette famille, Dieu a, pendant des siècles, posé ses fondements, puis il l'a soudainement et spectaculairement formé lors de l'événement que nous appelons l'*Exode*. Dieu l'a miraculeusement et puissamment délivré pour qu'il devienne son Epouse intime, son héritage personnel et sa possession précieuse.[5]

Lorsque Dieu s'est formé un peuple lors de l'Exode, il ne l'a pas établi de manière habituelle. Il n'a pas immédiatement donné un roi, ni un territoire à Israël. Dieu l'a formé en le faisant sortir dans le désert et en le rassemblant autour du mont Sinaï. Puis, à la vue de toute la nation, Dieu est descendu de manière visible et lui a parlé de manière audible.

Comme nous l'avons déjà vu, la description de cet événement est spectaculaire et terrifiante :

> *Le matin du troisième jour, il y eut des coups de tonnerre, des éclairs et une épaisse nuée sur la montagne. Le son de la trompette retentit fortement et tout le peuple qui était dans le camp fut épouvanté. Moïse fit sortir le peuple*

---

5. Exode 19 : 5 ; Deutéronome 4 : 20 ; 7 : 6 ; 14 : 2 ; 26 : 18 ; 32 : 8-9 ; 1 Rois 8 : 53 ; Psaumes 135 : 4 ; Esaïe 41 : 8 ; 43 : 1 ; Jérémie 10 : 16 ; Malachie 3 : 17.

du camp pour aller à la rencontre de Dieu, et ils se placèrent au bas de la montagne. Le mont Sinaï était tout en fumée parce que l'Eternel y était descendu au milieu du feu. Cette fumée s'élevait comme la fumée d'une fournaise et toute la montagne tremblait avec violence. Le son de la trompette retentissait de plus en plus fortement. Moïse parlait, et Dieu lui répondait à haute voix (Exode 19 : 16-19).

Tout le peuple entendait les coups de tonnerre et le son de la trompette et voyait les flammes de la montagne fumante. A ce spectacle, le peuple tremblait et se tenait à bonne distance. Ils dirent à Moïse : « Parle-nous, toi, et nous écouterons ; mais que Dieu ne nous parle pas, sinon nous mourrions » (Exode 20 : 18-19).

Pour la première fois dans l'Histoire, *un peuple tout entier a* contemplé Dieu ensemble. En contemplant Dieu, ils ont conclu avec lui une alliance profonde que Dieu a décrite comme un mariage.[6] Chaque tribu d'Israël était spécifiquement disposée autour de la montagne, plaçant littéralement la présence de Dieu au centre de la nation. Le peuple d'Israël n'était pas rassemblé autour d'un roi humain. Il était rassemblé pour contempler la personne de Dieu présente au milieu d'eux. L'objectif était de former un peuple qui deviendrait semblable à lui et qui le représenterait auprès des nations :

Vous serez pour moi un royaume de sacrificateurs et une nation sainte. Voilà les paroles que tu diras aux Israélites (Exode 19 : 6- NEG).

Dieu a *d'abord* établi Israël comme un peuple rassemblé autour de sa présence pour accéder à sa gloire et ensuite la refléter aux nations.

La mission essentielle d'Israël était de contempler la beauté de Dieu afin d'être transformé à son image pour le représenter fidèlement parmi les nations.

Le Sinaï était un événement unique, mais c'était aussi le début de

---

6. Esaïe 54 : 5 ; Jérémie 2 : 2 ; 3 : 14 ; 31 : 32 ; Osée 2 : 7.

la mise en place d'un peuple communautaire pouvant contempler Dieu et devenir comme lui. Lorsque Israël a quitté le mont Sinaï, Dieu a continué d'habiter parmi son peuple dans un sanctuaire d'adoration connu sous le nom de *tabernacle*. La rencontre au Sinaï était plus qu'un événement unique - c'était le début de la présence de Dieu parmi un peuple communautaire :

> Le gouvernement du Seigneur sur Israël est exprimé par l'associa-tion entre le tabernacle et le Sinaï, association qui suggère que le tabernacle poursuit la fonction du Sinaï dans la vie d'Israël.[7]

Le tabernacle a été construit à l'image du sanctuaire céleste de Dieu, car il devait être une manifestation limitée du ciel sur la terre, un lieu où Dieu habitait parmi son peuple comme il le fait dans le sanctuaire céleste. Le tabernacle était aussi riche en images et en représentations du ciel et du jardin, symbolisant ainsi une nouvelle création où Dieu résiderait au milieu de son peuple. C'était une illus-tration prophétique de l'avènement d'un nouveau jardin agissant comme un sanctuaire.[8] Lorsque le peuple s'approchait du tabernacle pour rencontrer la présence de Dieu, il arrivait dans un sanctuaire aux images frappantes, ce qui en faisait le symbole d'un cosmos miniature, symbole d'un monde nouveau où Dieu habiterait parmi son peuple.[9]

Dieu a donné à la nation un système de sacrificateurs[10] vocation-nels qui se consacraient à plein temps à la tâche de maintenir ce sanctuaire d'adoration. Si les sacrificateurs avaient certains privilèges, leur fonction première était de servir le peuple afin que toute la nation puisse être sacerdotale et accéder à la présence de Dieu.

---

7. W. Ross Blackburn, *The God Who Makes Himself Known*, 131.

8. Apocalypse 21-22.

9. Crispin Fletcher-Louis, *Jesus Monotheism*, 221.

10. Note du traducteur : La version S21 utilise le mot « prêtre » là où le traducteur utilise le mot « sacrificateur ». Ceci afin de différencier la prêtrise connue encore aujourd'hui dans certaines confessions chrétiennes à celle de l'Ancien Testament exprimée par « sacerdoce, sacerdotal, sacrificateur » dans plusieurs autres versions de la Bible.

La vocation sacerdotale d'Israël était une vocation communautaire. Israël n'a pas été formé pour être une nation qui ait des sacrificateurs ; la nation entière a été appelée à être un royaume sacerdotal et un peuple saint.

Le petit nombre de personnes désignées pour être des sacrificateurs vocationnels a été mis en place pour servir l'appel de toute la nation. Le même modèle existe aujourd'hui. Les personnes exerçant un ministère chrétien vocationnel assument ces fonctions afin de répondre à l'appel sacerdotal et missionnel de l'ensemble du corps. Les serviteurs et les responsables vocationnels ne sont pas les seuls à être appelés à contempler Dieu. Ils sont appelés à exercer leur ministère auprès du corps, à appeler tous les membres de la communauté à le contempler et à devenir comme lui. Chaque fois que nous limitons l'appel au sacerdoce à un petit groupe de personnes, nous nous écartons rapidement des desseins de Dieu.

Nous pensons souvent au tabernacle comme à un lieu pour les sacrifices, mais le tabernacle ne se limitait pas à cela ; c'était un sanctuaire d'adoration où le peuple pouvait s'approcher de Dieu. Le système des sacrifices n'existait pas simplement pour que les péchés soient pardonnés ; il existait pour sanctifier le tabernacle afin que Dieu puisse habiter parmi son peuple et que celui-ci puisse s'approcher de lui. Le tabernacle (et plus tard le temple) n'était pas principalement un lieu de sacrifice : c'était un lieu où la présence de Dieu habitait.

Tout le système sacerdotal a été conçu pour permettre à une nation d'accueillir la présence de Dieu en son sein et de s'approcher pour contempler le Dieu magnifique. Le système sacerdotal est la première chose que Dieu a établie lorsqu'il s'est formé un peuple pour lui-même.

Le symbole humain d'un peuple communautaire

Bien qu'Israël ait fini par avoir des rois, le sacrificateur principal, connu sous le nom de « souverain sacrificateur », a été établi en premier comme chef de la nation. Le souverain sacrificateur était le dirigeant le plus important d'Israël, car la nation était définie par son identité sacerdotale et par son privilège d'accueillir la présence de Dieu.

Israël n'était pas rassemblé autour d'un roi ou même défini par son territoire. Le peuple d'Israël était réuni autour d'un sanctuaire d'adoration ou résidait la présence de Dieu. Les différentes tribus ont été assemblées autour de ce sanctuaire afin de devenir un peuple, et la présence de Dieu, au milieu d'elles, a rendu Israël différent de toutes les autres nations.

Parce qu'Israël n'était pas défini par sa politique, son armée ou son importance, mais par sa vocation sacerdotale, le rôle du roi était conçu pour être subordonné au souverain sacrificateur.

Le souverain sacrificateur portait des vêtements très symboliques. Par exemple, il portait sur sa poitrine les noms des tribus d'Israël :

> *Lorsque Aaron entrera dans le sanctuaire, il portera sur son cœur les noms des fils d'Israël, gravés sur le pectoral du jugement, pour en garder à toujours le souvenir devant l'Eternel (Exode 28 : 29).*

Lorsque le souverain sacrificateur se tenait dans le lieu saint devant le Seigneur, les noms de chaque tribu d'Israël étaient inscrits sur sa poitrine car il représentait la nation tout entière. Il symbolisait ce que Dieu voulait - une nation entière se tenant dans sa présence.

Le souverain sacrificateur avait aussi le nom de Dieu sur sa tête :

> *Tu feras une lame en or pur et tu y graveras, comme le fait un graveur de cachet : Sainteté à l'Eternel. Tu l'attacheras... sur la tiare, sur le devant de la tiare. Elle sera sur le front d'Aaron (Exode 28 : 36-38).*

Ce sacrificateur représentait symboliquement l'ensemble de la nation, de telle sorte que lorsqu'une personne accédait à la dignité de souverain sacrificateur, elle s'identifiait davantage au rôle national de souverain sacrificateur qu'aux identités individuelles des membres du peuple. C'est pourquoi, les noms des souverains sacrificateurs sont très rarement mentionnés dans la Bible.

Le souverain sacrificateur était le symbole perpétuel de la nation, un symbole incarné d'un peuple entier dont le ministère revêtait une signification profonde :

Les douze pierres précieuses indiquent que le souverain sacrificateur représente la nation entière devant Yahvé. Le médaillon, sur son front, indique qu'il est le représentant autorisé de Yahvé auprès de la nation. Rappelez-vous de la déclaration spectaculaire d'Exode 19, lorsque Israël est arrivé pour la première fois au mont Sinaï. Là, Dieu a conféré à son peuple des titres comme « précieuse possession, royaume de sacrificateurs, nation sainte ». En tant que précieuse possession de Dieu, la vocation du peuple d'Israël - la chose pour laquelle il est né - est de représenter son Dieu au reste de l'humanité. Il exerce une fonction sacerdotale, faisant office de médiateur entre Yahvé et tous les autres. Il est mis à part pour son service.

Nous pouvons voir comment cela se rapporte au souverain sacrificateur. Il est un modèle visuel de la vocation de la nation entière. Tout comme le souverain sacrificateur représente Yahvé pour les Israélites, ceux-ci représentent Yahvé pour les nations. En regardant Aaron, chaque Israélite est rappelé à sa vocation en tant que nation. Tout comme il est mis à part pour le service « saint », les Israélites sont aussi « une nation sainte ». Au Sinaï, Yahvé revendique cette nation comme sienne et la libère pour qu'elle puisse vivre sa vocation. Cette vocation est de porter le nom de Yahvé parmi les nations, c'est-à-dire de bien le représenter.[11]

Les implications sont évidentes :

Israël a été appelé à vivre au milieu des nations comme le peuple qui portait le nom de Yahvé et rendait Yahvé « visible » dans le monde en marchant dans ses voies et en reflétant son caractère. Porter le nom du Seigneur n'était pas seulement un privilège et une bénédiction inestimables, mais une responsabilité éthique et missionnaire défiante... Et ses parallèles dans le Nouveau Testament sont évidents... La mission de Dieu pour Israël était simplement qu'il vive

---

11. Carmen Joy Imes, *Bearing God's Name: Why Sinai Still Matters* (Downers Grove, IL: IVP Academic, 2019), 51.

comme le peuple de Yahvé au milieu des nations, portant son nom dans leur adoration, leur prière et leur vie quotidienne.[12]

Dans la Bible, les noms sont souvent l'expression du caractère d'une personne. Ainsi, lorsque Dieu a mis son nom sur le souverain sacrificateur, il déclarait que le souverain sacrificateur devait le représenter et démontrer son caractère au peuple. Lorsque le peuple regardait le souverain sacrificateur, il devait voir un homme à l'image de Dieu. Telle était la mission originelle de l'homme, et telle est toujours notre mission. Nous sommes également appelés à porter le nom de Dieu devant les nations. Cela signifie que nous devons être « l'image » de Dieu - un peuple qui lui ressemble et qui le représente bien.

Le souverain sacrificateur rappelait constamment à Israël sa vocation.

Cet appel était un appel très élevé. Comment un peuple pouvait-il représenter fidèlement Dieu auprès des nations ? Comment pouvait-il être « discipulé » pour remplir cette mission ? Comme le symbole représentait la nation, le souverain sacrificateur montrait comment la nation devait répondre à son appel et comment le peuple devait vivre sa vie selon ce modèle.

Le souverain sacrificateur se tenait en la présence du Seigneur, exerçant son service au sein d'un sanctuaire d'adoration communautaire. Il méditait soigneusement la Parole de Dieu. Il servait le reste du peuple afin qu'il puisse adorer. Son ministère à Dieu et sa dévotion à la Parole et à son peuple était un modèle pour toute la nation. Elle était un royaume de sacrificateurs. Tous les Israélites n'exprimaient pas ce mode de vie de la même manière. Certains étaient agriculteurs. D'autres fabriquaient des objets. D'autres étaient mères au foyer.

Israël avait de nombreuses vocations différentes, mais chaque Israélite devait modeler sa vie sur celle du souverain sacrificateur.

Les Israélites devaient servir le Seigneur, donner la priorité à sa Parole et à sa présence dans leur vie individuelle. Et tous les membres

---

12. Christopher J. H. Wright, " Foreword ", dans *Bearing God's Name: Why Sinai Still Matters* (Downers Grove, IL: IVP Academic, 2019), xi-xii.

de la nation devaient se rassembler et participer au sanctuaire d'adoration communautaire où ils contemplaient ensemble la présence du Seigneur. Si la nation le faisait, elle était transformée à l'image de YHWH lui-même et de ce fait, le représentait auprès des nations.

La méthodologie de Dieu était simple : en prenant part au modèle de l'adoration communautaire et en contemplant (en s'approchant), sa présence demeurant au milieu d'eux, Israël serait transformé à son image et le représenterait auprès des nations. Israël deviendrait collectivement « un souverain sacrificateur » parmi les nations et une nation missionnaire parmi celles-ci. Le sanctuaire d'adoration d'Israël était à la fois une partie de sa vocation *et* le moyen de l'accomplir.

Dieu a placé un sanctuaire d'adoration au centre d'Israël pour que la nation puisse répondre à son appel, et comme nous le verrons, l'Église du Nouveau Testament est une extension de ce même modèle.

Construire sur des fondements divins

Lorsque Dieu a créé un peuple communautaire, il l'a littéralement organisé autour de la centralité de la contemplation de sa personne en plaçant un sanctuaire d'adoration au centre de la nation. Ce sanctuaire d'adoration était la caractéristique déterminante d'Israël. Il y avait beaucoup d'autres nations qui avaient aussi des tribus, des terres et des rois, mais seul Israël avait la présence de Dieu habitant au milieu de lui, et seul Israël pouvait contempler Dieu, en tant que peuple, en s'approchant de sa demeure.

Ce sanctuaire d'adoration était rempli d'images tirées d'Eden pour indiquer que c'était le début du rétablissement de la vocation de l'homme et une partie du processus de formation d'une « nouvelle création » où Dieu habiterait à nouveau avec l'homme sur la terre. Les symboles tirés d'Eden ont également établi qu'il était le sanctuaire original et que le tabernacle était la continuation du plan de Dieu pour habiter parmi son peuple :

Le désir du Seigneur d'habiter parmi son peuple nous amène à un autre lien important entre le tabernacle et la création. Wenham a observé des parallèles frappants entre le tabernacle et le jardin d'Eden. Par exemple, l'entrée d'Eden faisait face à l'est, gardée par des chérubins, de même les entrées du tabernacle faisaient face à l'est, le Saint des saints étant symboliquement gardé par les chérubins tissés dans le voile du pārōket. L'or et les pierres précieuses, spécifiquement mentionnés dans le jardin d'Eden, apparaissent tous deux dans le Saint des saints. La pierre šōham (S21 'onyx') présente un intérêt particulier. Apparaissant spécifiquement en Eden (Genèse 2 : 12), toutes les autres apparitions de la pierre šōham, à une exception près, sont liées soit à l'Eden, soit au tabernacle. De plus, Wenham remarque que la marche de Dieu parcourant le jardin en Eden (Genèse 3 : 8, hithpael de hālak), apparaît de nouveau comme Dieu marchant au milieu d'eux dans le tabernacle (Lévitique 26 : 12 ; Deutéronome 23 : 15 ; 2 Samuel 7 : 6-7 ; tous hithpael de hālak). Il voit aussi un rôle sacerdotal pour Adam dans le jardin, notant que les mêmes verbes « cultiver et garder » utilisés pour la responsabilité d'Adam dans le jardin sont utilisés à nouveau (seulement) en référence aux Lévites dans le sanctuaire (Nombres. 3 : 7-8 ; 8 : 26 ; 18 : 5-6). L'implication de ce qui précède signifie que le jardin d'Eden est un sanctuaire archétypique.[13]

Dieu n'a jamais rien fait de tel que ce qu'il a fait au Sinaï, et cela a marqué le début de son plan pour se former un peuple communautaire. Les fondements posés au Sinaï ne sont pas des reliques dont il faut se débarrasser, mais des fondations sur lesquelles il faut bâtir. Alors que la nouvelle alliance rend obsolètes certains aspects de l'alliance mosaïque, nous ne devons plus nous approcher de Dieu sur cette base, la nouvelle alliance a été donnée pour *étendre* ce qui s'est passé autour du mont Sinaï et lui permettre d'avoir une expression beaucoup plus grande qu'au début.

L'exode et la formation d'Israël qui s'en est suivie ne sont pas quelque chose de « vieux » dont il faudrait rapidement se défaire. Il s'agit d'une série d'événements inégalés qui nous donnent un fantastique aperçu de l'avenir du peuple de Dieu :

Israël, en tant que nation, en tant que symbole de l'autorité divine

---

13. W. Ross Blackburn, *The God Who Makes Himself Known*, 146.

manifestée dans un cadre politique, devait lui-même être une image de la forme finale du gouvernement mondial, un symbole pointant au-delà de lui-même vers la réalité à venir.[14]

L'événement du mont Sinaï et le tabernacle (temple) qui en a résulté ont pointé vers quelque chose dont l'accomplissement doit être plus grand dans le Nouveau Testament. Dieu a posé les fondements de ce qu'il voulait : un peuple entier qui, contemplant sa présence, est devenu semblable à lui et a porté son image aux nations. Dieu a habité parmi son peuple dans le jardin, dans le tabernacle et dans le temple, et il continue d'habiter parmi son peuple dans ce que nous appelons l'*Église*. Il s'agit d'une histoire qui s'écrit encore maintenant où Dieu habitera sur la terre d'une manière que nous ne pouvons même pas anticiper aujourd'hui.

Le discipulat doit s'inspirer de ce modèle - nous devons reconnaître ce que Dieu veut de nous et comment il entend l'obtenir.

Un peuple missionnaire

Beaucoup de gens pensent que la « mission » a commencé dans le Nouveau Testament, mais l'Exode a marqué le début d'un peuple missionnaire. Dieu n'a pas libéré les Israélites uniquement pour leur bien ; il s'est manifesté dans cette période *pour qu'il puisse être connu.* Le fait que Dieu habite parmi un peuple qui le contemple est le début de la mission, et nous devons lire l'histoire de l'Exode, pour la lire correctement, comme une histoire missionnaire. Comme l'écrit le spécialiste W. Ross Blackburn, Dieu a formé Israël dans un but précis :

L'engagement du Seigneur à être connu comme Dieu sur toute la terre est la motivation de tout ce qu'il fait dans l'Exode, de la façon dont il a délivré Israël de l'Egypte à la raison pour laquelle il lui donne la loi, en passant par la manière dont il répond à l'idolâtrie

---

14. W. J. Dumbrell, *Covenant and Creation: An Old Testament Covenantal Theology* (Exeter: Paternoster, 1994), 67.

d'Israël. Ainsi, le « cœur » missionnaire de l'Exode évoque à la fois l'engagement du Seigneur à être connu comme Dieu dans le monde entier... Le Seigneur a toujours eu un cœur pour le monde, y compris un moyen très particulier par lequel il a cherché à l'atteindre.[15]

Le grand mandat missionnaire n'est pas une idée nouvelle, et si nous ne lui reconnaissons pas des racines vétérotestamentaires, nous ne comprendrons pas pleinement la tâche qui nous a été confiée :

La question de savoir ce que cela signifie de mettre en pratique le Grand Mandat de Jésus n'est pas une question propre au Nouveau Testament ...comprendre la mission dans la perspective de l'Exode peut aider l'Eglise à rendre un témoignage fidèle au Seigneur.[16]

Si nous ne lisons pas l'Exode comme une histoire missionnaire, nous n'avons ni pleinement compris son histoire ni compris notre place dans celle-ci.

Dieu a donné au peuple d'Israël un mode de vie structuré afin qu'il puisse habiter au milieu de lui et être révélé aux nations. Il voulait que cette révélation incite les nations à se joindre volontairement à son peuple afin de faire partie d'une nation sacerdotale. Comme nous allons le voir, le modèle et la mission établis lors de l'Exode se poursuivent. Par l'intermédiaire de Jésus, chacun peut désormais faire partie de ce peuple sacerdotal, et la présence de Dieu ne se limite plus à un seul tabernacle. Le tabernacle s'est répandu, et Dieu souhaite que des sanctuaires soient érigés partout afin d'inviter les gens de toutes les nations à rejoindre sa communauté.[17]

La missiologie de Dieu a commencé par le fait que sa présence habite au sein d'un peuple transformé à son image et qui, ce faisant, le fasse connaître afin que le peuple de Dieu s'accroisse. Dieu a formé

---

15. W. Ross Blackburn, *The God Who Makes Himself Known*, 209.
16. W. Ross Blackburn, *The God Who Makes Himself Known*, 210.
17. Cela ne signifie pas que le peuple juif ne joue plus un rôle distinct dans les desseins de Dieu. Pour en savoir plus à ce sujet, voir le livre *It Must Be Finished* ou *Israel and the Great Commission*.

Israël pour être un peuple missionnaire, commençant ainsi la mission mondiale, et il habite toujours parmi son peuple pour la faire avancer.

8

LA DOULEUR D'UN ROI

LA RENCONTRE sur le mont Sinaï a établi un peuple communautaire. Et le développement majeur suivant s'est produit environ quatre cents ans plus tard. Le roi David a profondément modifié l'expression de l'adoration communautaire d'Israël et son mode de vie. Ce faisant, il a donné naissance à une incroyable préfiguration de la direction que Dieu allait donner à l'Histoire et il a préparé le terrain pour ce qui allait suivre dans le Nouveau Testament. Ce n'était pas une aberration de l'Histoire – c'en était un fondement essentiel.

Pour comprendre ce que David a fait, nous devons commencer par sa douleur.

David était roi et chef de l'armée, mais il vivait comme un homme sacerdotal :

Je demande à l'Eternel une chose, que je désire ardemment : je voudrais habiter toute ma vie dans la maison de l'Eternel, pour contempler la beauté de l'Eternel et pour admirer son temple (Psaumes 27 : 4).

La vie de David était une image de l'appel d'Israël à vivre comme un peuple de sacrificateurs. David n'était pas qualifié pour être sacrificateur, il n'était pas un sacrificateur vocationnel. Cependant, il a vécu sa vie comme un homme sacerdotal. Il est un exemple marquant nous montrant que notre sacerdoce n'est pas lié à notre vocation. Notre appel sacerdotal n'est pas non plus quelque chose que nous méritons. David a connu de très graves échecs, et il a souffert de ces échecs, mais il était un homme « selon le cœur de Dieu »[1] parce qu'il a poursuivi une vie sacerdotale au milieu même de toutes ses responsabilités liées à la direction du royaume. Il n'a pas fléchi, même lorsqu'il a sombré dans le péché de manière terrible.

Le roi David vivait avec une profonde douleur dans son âme. Sa douleur a fini par produire un aperçu prophétique de la direction que prendrait le modèle établi par Dieu sur le mont Sinaï. Comme nous le verrons, la douleur de David a profondément influencé les apôtres et l'Eglise du Nouveau Testament. L'Eglise néotestamentaire reflète cette douleur.

Je ne me reposerai pas

L'auteur du Psaume 132 a résumé la douleur de David :[2]

> Eternel, souviens-toi de David, de tout ce qu'il a souffert ! Il a fait un serment à l'Eternel, il a fait ce vœu au puissant de Jacob : « Je n'entrerai pas dans ma maison, je ne monterai pas sur mon lit, je ne donnerai pas de sommeil à mes yeux ni de repos à mes paupières avant d'avoir trouvé un endroit pour l'Eternel, une demeure pour le puissant de Jacob » (v. 1-5).

Nous avons déjà vu que David a été captivé par la beauté de Dieu.[3] Son désir de le connaître davantage a produit un désir dans son cœur. Ce désir né de la contemplation de la beauté de Dieu l'a poussé à endurer des épreuves incroyables, cherchant à satisfaire ce soupir de voir Dieu habiter parmi son peuple. David voulait aussi

---

1. 1 Samuel 13 : 14 ; Actes 13 : 22.
2. Voir aussi Actes 7 : 45-46.
3. Psaumes 27 : 4.

que son peuple contemple la beauté divine qui avait capturé son cœur.

David regardait le tabernacle, et il n'était pas satisfait. Il comprenait que cela marquait le commencement de ce que Dieu avait en projet, mais en aucun cas la fin. En conséquence, David a vécu avec une douleur et un désir. Cette souffrance était si profonde et si douloureuse que David a fait le serment qu'il ne pourrait pas se reposer tant que Dieu n'aurait pas une demeure au milieu de son peuple. Il avait compris que le tabernacle était *une* demeure pour Dieu, mais pas *la* demeure que Dieu désirait.

La présence de Dieu était dans le tabernacle, et Israël pouvait s'en approcher, mais David savait que Dieu désirait quelque chose de bien plus grand. Dieu voulait une demeure au milieu de son peuple pour qu'il puisse l'apprécier pleinement et que celui-ci puisse le contempler. David a compris le désir de Dieu, et ce désir est devenu son désir. David ne pouvait pas se reposer avant que Dieu n'ait obtenu ce qu'il voulait.

Près de 3 000 ans plus tard, le désir de Dieu reste inassouvi. Il n'a toujours pas la demeure qu'il désire. Sommes-nous alignés avec le désir de Dieu ? Partageons-nous la douleur de David ?

David n'a pas vu le désir de Dieu se réaliser, et il a vécu toute sa vie avec cette douleur et cet ardent désir parce qu'il avait décidé qu'il ne serait ni comblé, ni en paix tant que Dieu ne le serait pas non plus. La douleur de David n'était pas une simple émotion passagère. Il a construit sa vie autour de cette souffrance, et il est mort insatisfait parce que Dieu n'était pas encore en repos parmi son peuple.

L'un des plus grands problèmes de l'Eglise est que nous continuons à chercher notre repos et notre satisfaction alors que Dieu n'est ni en repos, ni satisfait.

L'une des plus grandes menaces pour l'Eglise est sa propre satisfaction. Dieu n'est pas encore satisfait, mais nous avons peu le désir qu'il revienne, qu'il habite parmi son peuple et qu'il reçoive son héritage. Nous avons désespérément besoin de ce désir ardent et de cette douleur pour que Jésus revienne et reçoive la plénitude de son héritage. Jésus a souffert plus que n'importe quel homme et il a volontairement choisi une mort horrible afin de recevoir un héritage.[4] Cet héritage, il l'a attendu pendant près de 2 000 ans. Cela vous émeut-il ? Ou votre satisfaction et votre sentiment de réussite de ce côté de l'Eternité vous suffisent-ils ?

David a vécu avec ce profond désir bien avant que Dieu ne vienne et ne souffre pour nous. Combien plus devrions-nous aujourd'hui vivre avec ce même désir ?

La triste réalité est que la majorité de l'Eglise ne ressent pas l'absence de Jésus. Nous sommes tout à fait satisfaits que les choses restent telles qu'elles sont tant que nous pouvons vivre des vies relativement tranquilles. Nous disons que nous croyons au retour de Jésus, mais nous en manifestons peu le désir. Notre doctrine est peut-être correcte, mais nos émotions nous trahissent. Nous ne vivons pas avec la douleur de David.

Notre temps présent a un besoin pressant du témoignage d'une Eglise qui exprime son désir et son insatisfaction dans une ère si comblée par d'autres choses. Si nous considérons attentivement le style de vie de nombreux croyants et les messages de beaucoup de chrétiens dans l'Eglise, il semble que beaucoup d'entre nous soient satisfaits de l'absence de Jésus.

Si Jésus est vraiment le désir le plus profond de nos cœurs, pourquoi sommes-nous si satisfaits de son absence ?

Nos aspirations et notre mode de vie quotidien devraient témoigner d'un désir ardent pour Jésus poussant les gens à ressentir son absence physique. Si nous ne vivons pas avec la douleur de David, nous devons nous demander sobrement et sérieusement à quel point nous aimons vraiment Jésus. David vivait avant l'incarnation et la souffrance de Dieu, et il était poussé par son désir. A *combien plus forte raison devrions-nous aujourd'hui désirer que Dieu reçoive son héritage ?*

La douleur de David était la douleur de Dieu. Elle n'a pas encore

---

4. Philippiens 2 : 8-11 ; Hébreux 12 : 2 ; 1 Pierre 1 : 11.

été assouvie, mais la Bible nous dit que le temps présent prendra fin lorsque le désir de Dieu sera rassasié :

> *J'entendis une voix forte venant du ciel qui disait : « Voici le tabernacle de*
> *Dieu parmi les hommes ! Il habitera avec eux, ils seront son peuple et Dieu*
> *lui-même sera avec eux, [il sera leur Dieu] » (Apocalypse 21 : 3).*

L'Eglise est un peuple communautaire appelé à vivre avec la douleur de David et à adopter un mode de vie qui donne au monde un aperçu de ce que sera le monde lorsque la douleur de Dieu sera apaisée. Voyons ce que la douleur de David a produit, car elle devrait avoir un effet similaire en nous.

9

UNE CONTEMPLATION NOURRIE PAR
LA DOULEUR ET LE DÉSIR

LA DOULEUR et le désir de David se sont entrecroisés :

Je demande à l'Eternel une chose, que je désire ardemment : je voudrais habiter toute ma vie dans la maison de l'Eternel, pour contempler la beauté de l'Eternel et pour admirer son temple (Psaumes 27 : 4).

David a consacré sa vie à *un seul désir* : contempler la beauté du Seigneur et admirer son temple. Le désir de David révèle sa compréhension du discipulat :

1. David voulait contempler la beauté de Dieu.
2. David voulait apprendre la sagesse et la connaissance de Dieu, ce qui impliquait qu'il voulait ensuite vivre en conséquence.

Un théologien décrit le désir de David de cette façon :

... contempler et admirer ; une préoccupation pour la Personne de

Dieu et sa volonté. C'est l'essence même de l'adoration, voire du discipulat.[1]

Le désir de David l'a conduit à établir un sanctuaire d'adoration qui fut connu sous le nom de « tabernacle de David ». Il était construit sur le modèle du tabernacle de Moïse, mais il était beaucoup plus radical qu'il n'y paraît à première vue. Le tabernacle de David était une anticipation prophétique de la manière dont Dieu désire habiter parmi son peuple.

Le roi et son sanctuaire d'adoration

Lorsque David est devenu roi et qu'il a fait de Jérusalem sa capitale, il est allé chercher l'arche de l'alliance et l'a apportée à Jérusalem.[2] L'arche n'était pas seulement un symbole religieux. La présence de Dieu habitait au-dessus de l'arche,[3] et David voulait construire son royaume autour d'elle. Alors que nous considérons David comme le roi de la nation, son désir était que Dieu le soit. Il voulait construire une nation selon le modèle vu au mont Sinaï, un peuple rassemblé autour de la présence divine.

Animé par son zèle, David a orchestré une procession d'adoration, réunissant chantres et musiciens, et a fait fabriquer un char spécialement conçu pour transporter l'arche. Cependant, David n'avait pas tenu compte des instructions strictes de Dieu sur la façon de déplacer l'arche. Au cours du déplacement, un homme a touché l'arche, et Dieu l'a tué pour avoir violé ses commandements.

David était en colère contre le Seigneur lorsque cet homme est mort, mais il était également terrifié parce qu'il a réalisé que la présence de Dieu était une chose sérieuse. David était si effrayé qu'il ne voulut plus apporter l'arche à Jérusalem, craignant que quelque

---

1. Derek Kidner, *Psalms 1-72: An Introduction and Commentary*, vol. 15, Tyndale Old Testament Commentaries (Downers Grove, IL: InterVarsity Press, 1973), 138.
2. 2 Samuel 6 ; 1 Chroniques 13.
3. Exode 25 : 22 ; 30 : 6 ; Nombres 7 : 89 ; 17 : 4 ; 1 Samuel 4 : 4 ; 2 Samuel 6 : 2 ; 2 Rois 19 : 15 ; Psaumes 80 : 2 ; 99 : 1 ; Esaïe 37 : 16.

chose de pire n'arrive à la ville. En conséquence, l'arche fut confiée à un non-Juif nommé Obed-Edom, et David retourna à Jérusalem, effrayé par la présence du Seigneur.

Puis quelque chose de surprenant se produisit. Obed-Edom et sa famille commencèrent à ressentir une bénédiction inhabituelle due à la présence de l'arche. David en entendit parler et cela le poussa à la jalousie ce qui réveilla son rêve d'accueillir l'arche à Jérusalem, et il décida d'aller la récupérer.

Cette fois-ci, David examina attentivement les Ecritures et déplaça l'arche selon les commandements stricts de Dieu. Le déplacement de l'arche fut accompagné de nombreux chants, d'une musique retentissante et de cris de louange. David portait un éphod de lin, qui était en fait un vêtement sacerdotal, et il dansa de toutes ses forces devant l'arche lorsque celle-ci entra dans la ville.

La réponse de David était significative car il a célébré l'arrivée de l'arche, en tant que sacrificateur et non en tant que roi. Sa réponse à l'entrée de l'arche indiquait clairement qu'il accueillait Dieu à Jérusalem comme le véritable roi. David était le responsable humain, mais il a construit le royaume sur la conviction que Dieu était le véritable roi de Jérusalem. La présence de Dieu était maintenant à Jérusalem en tant que Roi légitime d'Israël, ce que Dieu avait toujours voulu. Dieu a aimé David parce qu'il avait compris ce qu'il voulait et David s'est réjoui que Dieu y prenne sa place en tant que Roi. C'était à la fois un accomplissement du désir de Dieu et une image prophétique du jour où Dieu habitera à nouveau à Jérusalem en tant que Roi.[4]

Lorsque David était roi, la personne la plus majestueuse de Jérusalem n'était pas David. C'était la personne divine qui habitait dans la ville au-dessus de l'arche. Elle était le véritable Roi d'Israël.

David fit alors quelque chose d'absolument choquant. Il plaça l'arche dans une tente ouverte où elle pouvait être vue de tous. Il

---

4. Psaumes 10 : 16 ; 29 : 10 ; 74 : 12 ; 45 ; 47 : 2, 7-8 ; 93 ; 96 ; 97-99 ; 103 ; Esaïe 2 : 2-4 ; 49 : 7 ; Jérémie 10 : 10 ; Ézéchiel 20 : 33 ; Daniel 2 : 44 ; Michée 4 : 1-3 ; Zacharie 8 : 3, 20-23 ; 14 : 9, 17 ; Apocalypse 11 : 15.

finança ensuite des centaines de chantres et de musiciens pour qu'ils se tiennent devant l'arche et chantent nuit et jour (probablement 24 heures sur 24) la beauté de Dieu.[5] Il a même permis à au moins un non-Juif, Obed-Edom, de venir lui aussi s'occuper de l'arche.[6]

La plus grande réussite du plus grand roi d'Israël n'était pas son armée ou ses capacités administratives. C'était un sanctuaire d'adoration où l'on chantait nuit et jour la beauté de Dieu.

David laissa le reste du tabernacle à Gabaon, où les sacrificateurs continuèrent à accomplir le ministère sacrificiel bien qu'ils n'aient plus l'arche de la présence de Dieu. C'était une évolution étonnante : le système mosaïque de l'adoration était maintenu, mais Dieu était désormais ouvertement visible au centre de la nation. Le roi et d'autres personnes contemplaient la gloire de Dieu et entonnaient des chants parlant de sa beauté et de sa volonté divine.[7] La présence de Dieu n'était plus limitée au souverain sacrificateur. Sous la direction de David, la nation devenait un peuple sacerdotal communautaire.

Pour bien comprendre la signification de ce que David a fait, considérez ceci : lorsque David a déplacé l'arche sans obéir aux ordres précis de Dieu, Dieu a tué un homme, et cela alors même que David l'a déplacée avec une grande célébration et un grand honneur. Cependant, David a ensuite pris l'arche, l'a installée à Jérusalem et l'a placée dans un contexte qui violait les commandements de Moïse sur la façon dont l'arche devait être traitée, *et Dieu a béni David et l'a appelé un homme selon son propre cœur.*[8]

Dieu n'a pas laissé David traiter l'arche avec désinvolture, indiquant que le tabernacle de David était quelque chose qui lui avait été révélé par Dieu. A un moment donné, David a dû recevoir une incroyable vision prophétique pour savoir que Dieu voulait que sa

---

5. 1 Chroniques 16 : 37.
6. 1 Chroniques 15 : 17-16 : 7.
7. Le livre des Psaumes est un livre très prophétique, avec un certain nombre de prophéties clés qui ne se sont toujours pas réalisées.
8. 1 Samuel 13 : 14 ; Actes 13 : 22.

présence soit établie dans un temple ouvert, où les chantres, les musiciens et même les non-Juifs pourraient s'approcher de lui.[9]

C'était un prototype prophétique de quelque chose qui allait arriver plus tard. Ce sanctuaire d'adoration était en avance de plusieurs milliers d'années sur son temps, car Dieu habitait en tant que roi à Jérusalem. Sa présence était ouvertement visible et entourée de chants jour et nuit, les non-Juifs se joignaient aux Israélites autour de la présence de Dieu. C'était un avant-goût de la nouvelle alliance.

Le tabernacle de David fut une période où Dieu donna au monde un aperçu de ce qui était à venir, une chose qui n'est pas encore accomplie à ce jour.

Un jour viendra encore où la présence de Dieu sera ouvertement visible à Jérusalem, et où il régnera en tant que roi, entouré d'une adoration incessante et d'un peuple formé de toutes les nations. Le tabernacle de David était un avant-goût, et comme nous le verrons, l'Eglise est appelée à être un avant-goût similaire de ce qui est à venir.

La douleur de David a produit « un chant nuit et jour »

La douleur de David ne l'a pas seulement poussé à déplacer l'arche à Jérusalem, elle l'a également contraint à l'entourer de chants nuit et jour. Israël avait toujours été un peuple chantant, mais David a personnellement investi une quantité incroyable de sa richesse dans l'établissement d'un sanctuaire d'adoration à Jérusalem et au soutien de chantres et de musiciens.[10]

---

9. La Bible ne nous dit jamais explicitement quand cela a été révélé à David, mais il est probable que Samuel ait donné à David les fondements qui ont conduit au tabernacle de David. Samuel et David étaient ensemble dans 1 Samuel 19 : 18-23, et la rencontre était accompagnée d'une présence très inhabituelle du Seigneur. Saül voulait tuer David, il a donc envoyé trois vagues de troupes pour capturer David, puis il est venu lui-même, mais dans les quatre cas, chaque fois qu'ils se sont approchés de Samuel et de David, ils ont été submergés par la présence du Seigneur et incapables de capturer David. Quelque chose de très important s'est produit lorsque Samuel et David étaient ensemble, et peut-être le Seigneur a-t-il révélé son désir d'un sanctuaire d'adoration ouvert à ce moment-là.

10. 2 Samuel 7 ; 1 Chroniques 29 ; Psaumes 132.

Certains estiment que David a dépensé plus d'un milliard de dollars en monnaie d'aujourd'hui pour un sanctuaire d'adoration, où chantres et musiciens pouvaient contempler la beauté de Dieu et y répondre par le chant. L'argent est un excellent indicateur de ce qui est vraiment le plus important pour nous. David estimait la beauté de Dieu plus que toute autre chose dans son royaume et il y a répondu par le chant.

David a modifié de façon permanente l'adoration d'Israël, et 288 chantres et 4 000 musiciens ont fait partie du complexe du temple d'Israël.[11] Après David, dans chaque réveil qui eut lieu en Israël, on remit en place les chantres et les musiciens, comme David l'avait ordonné :

- La réforme de Josaphat (vers 870 av. J.-C.) comprenait l'établissement de chantres et de musiciens (2 Chroniques 20 : 19-28).
- Jehojada rétablit l'adoration dans le temple selon l'ordre de David (vers 835 av. J.-C.) avec des chantres, etc. (2 Chroniques 23 : 18).
- Le réveil d'Ezéchias (vers 725 av. J.-C.) comprenait des Lévites avec des instruments et des chants (2 Chroniques 29 : 25-27).
- Le réveil de Josias (vers 625 av. J.-C.) a rétabli les chantres et les musiciens à plein temps, comme l'avait ordonné David (2 Chroniques 35 : 15).
- Zorobabel (vers 536 av. J.-C.) a établi des chantres et des musiciens à plein temps, comme l'avait ordonné David (Esdras 3 : 10-11).
- Esdras et Néhémie (445 av. J.-C.) ont établi des chantres et des musiciens à plein temps, comme l'avait ordonné David (Néhémie 12 : 24, 26, 45).

---

11. 1 Chroniques 16 : 37 ; 23 : 5 ; 25 : 7.

La douleur de David a fait que le développement sans mesure du chant est devenu un élément clé du ministère du temple d'Israël.

David a choisi le chant parce que Dieu l'aime. Dieu est entouré de musique dans les cieux, aussi sa présence sur la terre devrait-elle aussi être accompagnée de chants.[12] Le chant est une expression d'affection qui attise l'affection. Le genre de chant humain le plus courant est le chant d'amour. Nous chantons naturellement à propos de ce que nous aimons, et lorsque nous chantons, nos chants ont le pouvoir d'attiser l'affection chez ceux qui les entendent. Un prédicateur peut prêcher un message difficile, et les gens y réfléchiront sérieusement avant d'y répondre. Un responsable de louange peut chanter un message difficile, et les gens y réagiront immédiatement et s'y engageront profondément par le chant. Le pouvoir de la musique sur le cœur humain a quelque chose d'unique.

Les chants de David sont devenus un outil pour discipuler la nation, alors que les chantres et les musiciens contemplaient la gloire de Dieu et y répondaient par des chants. Ces chants étaient ensuite mis par écrit et chantés par tout le peuple. Ces chants sont devenus un outil que la nation entière pouvait utiliser pour contempler la beauté de Dieu, même si elle n'était pas à Jérusalem. En chantant, leurs affections étaient émues, et en chantant la beauté de Dieu, ils répondaient à l'appel de devenir comme Dieu et d'être son image parmi les nations.

Plus tard, lorsque le temple fut construit, un système de pèlerinages annuels fut mis en place afin que toute la nation vienne périodiquement contempler le lieu de la présence du Seigneur et entendre personnellement les chantres et les musiciens chantant la beauté du Seigneur. Aujourd'hui encore, les chants, issus du sanctuaire de David, affectent puissamment les gens, les amenant à être des disciples en décrivant la beauté de Dieu et en les appelant à célébrer cette beauté.

---

12. Sophonie 3 : 17 ; Apocalypse 5 : 8-9 ; 14 : 2-3 ; 15 : 2.

Mis au défi par David

La douleur de David n'est pas morte avec lui. L'histoire de ce que David a fait a été consignée pour nous inciter à vivre, nous aussi, avec cette même douleur. Lorsque nous lisons que le plus grand roi d'Israël a vécu dans l'insatisfaction, qu'il lui était impossible de se reposer de l'œuvre de ses mains, et cela *avant* même que Dieu ne meure sur la croix, il est nécessaire de remettre en question notre propre satisfaction et notre désir de confort.

Lorsque nous lisons l'histoire de David et que nous découvrons qu'il a pu chercher Dieu de tout son cœur en tant que sacrificateur, bien qu'il ait également commis de grands péchés dont les conséquences ont été énormes, cela devrait nous donner le courage de penser que, peu importe qui nous sommes ou ce que nous avons fait, le sang de Jésus nous invite à vivre en tant que sacrificateurs.

Par Jésus, nous avons été introduits dans l'histoire d'Israël,[13] *la vie de David et les souffrances de Jésus devraient nous provoquer à partager la douleur de David dans notre génération.*

Je crois que David pointe vers une génération de non-Juifs vivant avec la même douleur. David n'était pas né pour être sacrificateur, mais il était un homme sacerdotal. Ceux d'entre nous qui sommes non-Juifs ne sont pas nés dans le ministère sacerdotal d'Israël, mais par le sang de Jésus, nous avons été amenés dans l'histoire d'Israël. Comme nous le verrons, il existe des preuves évidentes que Paul a vécu avec la douleur de David et qu'il percevait son ministère comme une expansion du tabernacle de David dans les nations.[14]

Si Jésus était digne du « chant nuit et jour » avant la croix, combien plus l'est-il maintenant !

Le développement sans mesure du chant est un témoignage de la

---

13. Romains 11 : 17.

14. Je mets l'accent sur les non-Juifs, dans cette section, parce que nous avons été introduits dans l'histoire d'Israël afin que des chants extravagants remplissent la terre. Cependant, nous ne devons pas minimiser la mission permanente du peuple juif de suivre les traces de David par le chant extravagant de la beauté de Dieu en la personne de Jésus.

valeur de Jésus, car nous chantons ce que nous aimons et ce qui nous fascine. Si nous l'aimons et sommes captivés par lui, nous chanterons. En outre, si nous chantons, nous le ferons *communautairement*. Le chant n'est pas une forme d'adoration individuelle. Même lorsque nous sommes dirigés par des chantres doués, nous chantons tous ensemble, collectivement. Le chant est une expression communautaire du désir et une réponse collective à la beauté.

Oh, que la douleur de David produise un « chant nuit et jour » dans les villes de la terre ! Oh, si une génération de non-Juifs, captivés par Jésus pouvait reprendre le désir de David et remplir nos villes de réponses incommensurables à la beauté de Jésus ! *Quelle déclaration de la valeur de Jésus cela serait-il ?* Certains diront peut-être que cela semble exagéré, mais que dirait David ? David n'avait pas la pleine révélation de la souffrance de Dieu. Si David pouvait nous parler, il n'aurait qu'une seule question à nous poser : *Qui vous a dit d'arrêter de chanter nuit et jour ?*[15]

La question cruciale n'est pas de savoir quel style de chant nous devons employer, ou quel modèle nous devons suivre, ou combien d'heures par semaine sont suffisantes. La question est de savoir si nous avons vraiment vu la beauté de Jésus ? L'aimons-nous plus que tout autre ? La douleur de David influence-t-elle notre vie communautaire ? Pouvons-nous nous reposer quand Jésus n'a pas son lieu de repos sur la terre ?

La question clé est la suivante : Vivons-nous avec la douleur de David ? Nous a-t-il mis au défi ?

David disposait de ressources importantes, et la grande majorité des églises ne peuvent pas chanter ensemble communautairement 24 heures sur 24, 7 jours sur 7. Nous ne devrions donc pas mesurer notre réponse par des évaluations arbitraires, mais nous devrions nous demander ceci : La douleur de David a-t-elle influencé le rythme hebdomadaire de notre église en tant que communauté ?

---

15. C'est une question que Ian Rutherford a posée lors d'une conversation personnelle.

Provoqués par les non-Juifs

Le temps présent se termine par une symphonie de chants incommensurables dans les nations,[16] indiquant que les non-Juifs vont être
incités à reprendre la mission de David, mais la Bible laisse également entendre que l'histoire de David et d'Obed-Edom est une image
prophétique du projet surprenant de Dieu. Dieu a révélé à David son
désir d'habiter parmi son peuple, mais il est intéressant de noter que
David a été mis au défi par un non-Juif pour remplir cette mission.
De plus, ce non-Juif s'était apparemment converti pour suivre le Dieu
d'Israël.[17] En gardant cela à la pensée, il est important d'examiner le
symbolisme de cette histoire. Il montre que l'histoire de David pointe
vers quelque chose de plus important.[18]

David a trébuché lorsqu'il n'a pas suivi la Parole de Dieu et, ce
faisant, la présence de Dieu s'est retrouvée dans la maison d'un non-
Juif au lieu de Jérusalem. Lorsque nous regardons la Bible, nous
constatons qu'Israël a trébuché et que cette chute a ouvert la voie à la
présence de Dieu parmi les non-Juifs. (Nous parlons ici en termes
très symboliques de l'expansion spectaculaire de l'Evangile dans les
nations. Bien sûr, il y a toujours eu un reste juif dynamique).

Lorsque David a laissé l'arche, Obed-Edom a dû l'apporter dans
sa maison et en prendre soin. Lorsqu'il l'a fait, la présence de Dieu a
apporté une énorme bénédiction à ce non-Juif dont la famille descen-
dait probablement des ennemis d'Israël. De la même manière, les
non-Juifs ont dû recevoir et honorer le Dieu d'Israël et le servir.

---

16. Psaumes 96 : 1, 9, 13 ; 98 : 1-9 ; 102 : 15-22 ; 122 : 6 ; 149 : 6-9 ; Esaïe 19 : 20-22 ; 24 : 14-16 ;
25 : 9 ; 26 : 1, 8-9 ; 27 : 2-5, 13 ; 30 : 18-19, 29, 32 ; 35 : 2, 10 ; 42 : 10-15 ; 43 : 26 ; 51 : 11 ; 52 : 8 ;
62 : 6-7 ; Jérémie 31 : 7 ; Joël 2 : 12-17, 32 ; Sophonie 2 : 1-3 ; Zacharie 8 : 20-23 ; 10 : 1 ; 12 : 10 ;
13 : 9 ; Matthieu 21 : 13 ; Luc 18 : 7-8 ; Romains 15 : 8-11 ; Apocalypse 5 : 8 ; 8 : 3-5 ; 16 : 7 ;
22 : 17.
17. David L. Thompson, "Obed-Edom (Person)", ed. David Noel Freedman, *The Anchor
Yale Bible Dictionary* (New York: Doubleday, 1992), 5.
18. Nous devrions dire qu'il s'agit d'une analogie parlant de David comme d'un
symbole de la nation entière d'Israël. Il y a toujours eu un reste de Juifs messianiques
justes, et nous ne devons pas les négliger, mais il doit aussi y avoir un jour où « tout »
Israël sera sauvé.

Lorsque nous avons honoré la présence de Dieu, nous avons reçu une bénédiction extraordinaire, nous qui ne sommes pas nés en Israël.

La bénédiction dont Obed-Edom a bénéficié a provoqué David à reprendre l'arche et à la ramener à Jérusalem. Cette fois, David a soigneusement obéi aux Ecritures et il est venu récupérer ce qui lui appartenait auprès d'Obed-Edom. De la même manière, la présence du Dieu d'Israël parmi les non-Juifs par l'œuvre de Jésus, finira par provoquer Israël à réclamer ce qui lui appartient. Israël sondera soigneusement les Ecritures et réclamera ensuite ce qui lui appartenait à l'origine.

David a organisé une grande fête pour récupérer la présence de Dieu, et un jour viendra où Israël la récupérera aussi. Comme David, cela voudra probablement dire qu'il ira dans les nations et qu'il s'impliquera avec les non-Juifs qui ont estimé et pris soin de la présence du Dieu d'Israël.

David a porté l'arche à Jérusalem avec une grande joie, en chantant, dansant et criant. C'était une célébration passionnée et elle symbolisait l'entrée de Dieu dans la ville de Jérusalem en tant que roi, entouré par les acclamations et par les chants d'Israël. De la même manière, un jour viendra où Israël réclamera la présence de Dieu avec un grand enthousiasme. Jésus a parlé de ce jour - le jour où Israël lui chantera le Psaume 118.[19]

David a introduit la présence de Dieu dans la ville et l'a placée dans un tabernacle ouvert où le peuple de Dieu pouvait s'approcher de sa présence et chanter en réponse à la beauté de Dieu. Il a formé, à Jérusalem, un système de gouvernement qui établissait Dieu comme Roi et qui était fondé sur la contemplation de sa beauté et sur le service à Dieu. De la même manière, la Bible prédit un jour où Dieu habitera sur la terre parmi son peuple à Jérusalem. Son peuple contemplera sa beauté et le servira, ce sera le centre d'un gouvernement fondé sur l'adoration et il sera composé d'un « royaume de sacrificateurs ».[20]

---

19. Matthieu 23 : 39.
20. 1 Pierre 2 : 5, 9 ; Apocalypse 1 : 6 ; 5 : 10 ; 20 : 6

Finalement, David a invité les non-Juifs à Jérusalem pour se tenir en présence de Dieu pour contempler sa beauté. De la même manière, Dieu installera son trône à Jérusalem et invitera les Juifs *et* les non-Juifs à s'approcher et à rencontrer sa présence. « Un homme nouveau »[21] l'adorera lorsqu'il établira son trône à Jérusalem. David a invité Obed-Edom à se tenir devant l'arche. C'était une image de la réconciliation de tous les hommes à l'endroit où l'on adore.

David, un descendant de Jacob, et Obed-Edom, un homme de Gath, d'une ville philistine, se tenaient ensemble devant l'arche. Les Philistins étaient l'un des ennemis historiques d'Israël, et pourtant David et Obed-Edom se tenaient ensemble devant la présence du Seigneur dans un sanctuaire d'adoration. C'était une incroyable déclaration de réconciliation dans la présence de Dieu. Le tabernacle de David était un avant-goût de « l'homme nouveau », mais David n'aurait jamais imaginé ce que Dieu avait en tête.

David doit nous mettre au défi à nous saisir de sa douleur, et lorsque nous le ferons, nous jouerons un rôle dans le projet de Dieu de provoquer la famille de David à reprendre sa douleur.

En est-il digne ?

Comme nous l'avons vu précédemment, lorsque Dieu a formé un peuple pour la première fois, il l'a rassemblé autour de sa présence et lui a donné un sanctuaire d'adoration appelé tabernacle. Lorsque le plus grand roi d'Israël est monté sur le trône, il a donné un nouvel aperçu de ce que Dieu désirait. Il a profondément changé la compréhension qu'Israël avait du temple, et les générations suivantes ont considéré ses commandements comme une partie obligatoire de l'adoration qui s'y déroulait.[22]

Comme Moïse, le plus grand roi d'Israël a organisé la nation autour d'un sanctuaire d'adoration, mais cette fois, la présence de Dieu était visible dans la ville, séparée du lieu des sacrifices

---

21. Ephésiens 2 : 11-3 : 10.
22. 2 Chroniques 20 : 19-28 ; 23 : 18 ; 29 : 25-27 ; 35 : 15 ; Esdras 3 : 10-11 ; Néhémie 12 : 24, 45.

permanents. David autorisait même les non-Juifs à s'en approcher. Le message était clair : le souverain sacrificateur était plus qu'un symbole de la nation ; il était le prototype prophétique d'un peuple communautaire. Dieu voulait plus que des sacrificateurs vocationnels ; il voulait un *peuple* sacerdotal qui contemplerait sa beauté, chanterait sa majesté, puis deviendrait son image auprès des nations. La plupart, comme David, ne seront pas des sacrificateurs vocationnels, mais ils seront néanmoins sacrificateurs. David et son sanctuaire étaient un aperçu de ce que représentait le souverain sacrificateur.

Ce que Dieu a commencé au mont Sinaï a pris une expression beaucoup plus grande sous le règne de David, et cela a préparé le terrain pour une expansion encore plus grande. Comme nous le verrons, Paul était également saisi par la douleur de David, et il est allé bien au-delà de David. Il a étendu le sanctuaire d'adoration aux nations et a appelé les non-Juifs à porter la mission d'Israël avec le reste messianique.

Le Nouveau Testament n'est pas un remplacement de ce que Dieu a commencé dans l'Ancien Testament : il en est une expansion radicale. Ce que Moïse et David ont fait doit avoir une expression beaucoup plus grande à l'ère du Nouveau Testament. C'est ce que nous allons découvrir ensuite.

10

UN MOUVEMENT MISSIONNAIRE INITIÉ PAR UN RASSEMBLEMENT D'ADORATION

L'UNE DES parties les plus intéressantes du parcours de Paul est qu'il lui a fallu près de quinze ans pour commencer sa tâche missionnaire parmi les non-Juifs. Le Nouveau Testament ne présente pas cette période de préparation comme un retard ou un acte de désobéissance de sa part. Près de quatorze ans après sa conversion, Paul travaillait dans sa ville natale de Tarse lorsque Barnabas le trouva et l'amena à l'église d'Antioche. Paul est devenu une partie intégrante de cette église naissante, utilisant ses dons pour le ministère pastoral et pour l'enseignement.

Dans Actes 13, Luc décrit un moment de changement historique dans cette église :

> Il y avait alors à Antioche, dans l'Eglise qui se trouvait là, des prophètes et des enseignants: Barnabas, Siméon surnommé le Noir, Lucius, originaire de Cyrène, Manaën, qui avait été élevé avec Hérode le gouverneur, et Saul. Un jour qu'ils adoraient ensemble le Seigneur et qu'ils jeûnaient, le Saint-Esprit leur dit : Mettez à part pour moi Barnabas et Saul pour l'œuvre à laquelle je les ai appelés. Alors, après avoir jeûné et prié, ils leur imposèrent les mains et les laissèrent partir (Actes 13 : 1-3 - SEM).

L'église d'Antioche est très importante parce qu'elle était la première à avoir une influence régionale en dehors de Jérusalem. Elle était probablement le modèle le plus influent pour l'Eglise parmi les non-Juifs. Elle était le prototype de l'Eglise parmi les gens des nations - le premier exemple important qui montrait à quoi ressemblait le peuple de Dieu en dehors de Jérusalem, dans une ville sans temple. En outre, c'est l'église, à partir de laquelle le Saint-Esprit a envoyé Paul et Barnabas pour étendre rapidement la mission vers les non-Juifs. Paul et Barnabas ont été façonnés et formés par cette église, et lorsqu'ils ont été envoyés d'Antioche, ils sont partis pour reproduire Antioche.

L'événement décrit dans Actes 13 a littéralement changé l'histoire du monde. Luc décrit un rassemblement de cinq hommes venant d'horizons très différents et qui étaient réunis comme un seul homme « adorant le Seigneur et jeûnant ». Le mot *adorer* (λειτουργέω) peut aussi être traduit par *service* (DRB), ce mot était utilisé pour décrire le service des sacrificateurs au temple.[1] Beaucoup de gens supposent que Paul et Barnabas ont été envoyés lors d'une réunion de prière, mais Luc nous dit qu'ils adoraient et exerçaient leur ministère auprès du Seigneur ensemble comme une compagnie de sacrificateurs.

Les implications de ce fait sont très importantes. Premièrement, Luc a considéré ces cinq hommes d'origines très différentes comme des sacrificateurs, ce qui indique que le sacerdoce a été élargi. Il inclut désormais toutes les races et tous les milieux. A Antioche, Paul a fait l'expérience de l'expression de « l'homme nouveau » dans une communauté multiraciale composée d'hommes sacerdotaux, et cette expérience l'a profondément façonné. Il a même mis au défi l'un des disciples préférés de Jésus afin de préserver le témoignage de l'église d'Antioche.[2]

Deuxièmement, lorsque Luc décrit les dirigeants d'Antioche comme des sacrificateurs au service du Seigneur, il déclare quelque

---

1. David G. Peterson, *The Acts of the Apostles*, The Pillar New Testament Commentary (Grand Rapids, MI; Nottingham, England: William B. Eerdmans Publishing Company, 2009), 375.
2. Galates 2 : 11-14.

chose de profond : *l'Eglise est un temple.* Le temple n'est plus limité à Jérusalem. Partout où l'Eglise se rassemble, elle est un temple, et ceux qui se rassemblent en Jésus sont des sacrificateurs. L'église d'Antioche était une préfiguration qui montrait à quoi ressemble le « temple » dans les nations.

Les implications d'Actes 13 : 2 sont évidentes mais significatives : le temple s'est répandu.

Reconstruire le gouvernement de David

L'expansion rapide de l'Evangile parmi les non-Juifs a été l'un des développements les plus choquants du Nouveau Testament. L'arrivée à la foi de non-Juifs, a provoqué une crise : comment les Juifs et les non-Juifs devaient-ils se comporter ensemble comme un seul peuple et une seule famille, compte tenu de leurs différences millénaires et de siècles de conflits ? En outre, quelle devait être la relation des non-Juifs avec la vocation unique d'Israël ?

Une rencontre a été convoquée à Jérusalem pour régler cette question. Les responsables de l'Eglise se sont réunis, et leur conclusion a été claire : Dieu avait librement donné le Saint-Esprit aux non-Juifs,[3] indiquant qu'il les faisait entrer en Israël par leur foi en Jésus.

Jacques était probablement le responsable le plus éminent du rassemblement, et il en a résumé la conclusion comme ceci :

> *Toute l'assemblée garda le silence et l'on écouta Barnabas et Paul raconter tous les signes miraculeux et les prodiges que Dieu avait accompli par leur intermédiaire au milieu des non-Juifs. Lorsqu'ils eurent fini de parler, Jacques prit la parole et dit : « Mes frères, écoutez-moi ! Simon a raconté comment, dès le début, Dieu est intervenu pour choisir parmi les nations un peuple qui porte son nom. Cela s'accorde avec les paroles des prophètes, puisqu'il est écrit : Après cela, je reviendrai, je relèverai de sa chute la tente de David, je réparerai ses ruines et je la redresserai ; alors le reste des hommes cherchera le Seigneur, ainsi que toutes les nations appelées de mon*

---

3. Actes 10 : 44-45 ; 11 : 15-17 ; 15 : 8.

nom, dit le Seigneur qui fait [tout] cela et de qui cela est connu de toute éter-
nité (Actes 15 : 12-18).

De nombreux versets de l'Ancien Testament prédisent que les non-Juifs adoreront le Dieu d'Israël,[4] Jacques aurait pu donc citer de nombreux passages, mais il a choisi de citer Amos 9 et, ce faisant, de relier le salut des non-Juifs à la restauration de la « tente de David ». La restauration du gouvernement de David comprend plus que son sanctuaire d'adoration, mais son sanctuaire d'adoration a défini son gouvernement et a fait de lui le plus grand roi d'Israël. Par exemple, Salomon avait de plus grandes richesses et un royaume plus étendu que son père, mais aucun autre roi n'a établi quelque chose comme le tabernacle de David.

Le sanctuaire d'adoration de David était la chose la plus unique de son règne.

Comme nous l'avons vu, en prenant ainsi soin de l'arche, David a déclaré quelque chose d'audacieux : « Je ne suis pas le vrai roi, le vrai Roi c'est Dieu. » Par conséquent, sous le règne de David, il y avait deux trônes à Jérusalem. David siégeait sur un trône en tant que roi humain d'Israël, mais l'arche, dans la tente de David, était le vrai trône, l'endroit où Dieu siégeait sur la terre.[5] Dieu avait choisi David comme roi, mais David ne pouvait pas prendre part au trône de Dieu. Le trône de David était séparé et subordonné au trône de Dieu. Cette séparation entre le trône de Dieu et le trône d'Israël était un indicateur que David était un prototype de quelque chose qui n'était pas encore venu.

David était un prototype du Messie, et le sanctuaire d'adoration de David était prophétique, mais il ne pouvait pas prendre part au trône de Dieu, régner en tant qu'homme et en tant que Dieu.

---

4. Genèse 12 : 3 ; 28 : 14 ; Deutéronome 32 : 21 ; Psaumes 22 : 28-29 ; Esaïe 24 : 14-16 ; 42 : 10-12 ; 49 : 6 ; 56 : 6-7 ; 60 : 1-3 ; 65 : 1 ; Jérémie 16 : 19-21 ; Amos 9 : 11-12 ; Zacharie 2 : 15 ; 14 : 16 ; Malachie 1 : 11 ; Matthieu 24 : 14 ; 28 : 19 ; Actes 1 : 6-8 ; Romains 15 : 9 ; Apocalypse 5 : 9 ; 7 : 9.
5. Exode 25 : 22 ; 30 : 6 ; Nombres 7 : 89 ; 17 : 4 ; 1 Samuel 4 : 4 ; 2 Samuel 6 : 2 ; 2 Rois 19 : 15 ; Psaumes 80 : 2 ; 99 : 1 ; Esaïe 37 : 16.

Les prophètes ont prédit à plusieurs reprises que Dieu régnerait en tant que roi à Jérusalem.[6] Ils ont décrit un jour à venir où un homme partagerait le trône de Dieu et régnerait sur la terre *comme Dieu*. La majorité de ces prophéties ont été données après le règne de David, de sorte que nous ne pouvons pas manquer la signification du message : David était un prototype et une préfiguration des choses à venir, lorsque Dieu régnera *physiquement* au milieu de son peuple. Il sera un roi humain *et* siégera en tant que Dieu dans un sanctuaire d'adoration. Lorsque les gens viendront voir ce Roi, ils contempleront Dieu.

A plusieurs reprises, Esaïe a décrit le règne d'un roi messianique qui serait également Dieu.[7] Dans une de ses prophéties, il a prédit que le futur roi divin accomplirait ce que David ne pourrait jamais accomplir :

> *Le trône s'affermira par la bonté et sur lui, dans la tente de David, on verra siéger en toute vérité un juge soucieux du droit et zélé pour rendre la justice (Esaïe 16 : 5).*

David n'a jamais osé s'asseoir sur le trône du sanctuaire d'adoration parce qu'il avait compris qu'il s'agissait du trône de Dieu, mais Esaïe prédit un souverain qui s'assiéra sur le trône « dans la tente de David ». Il s'agit d'une prophétie phénoménale décrivant un roi qui vient pour régner *et* s'asseoir sur le trône d'un sanctuaire d'adoration comme celui de David.

La prédiction d'Esaïe est simple : lorsque la tente et le règne de David seront reconstruits, le roi siégera dans *le sanctuaire d'adoration*. A l'époque de David, il y avait deux trônes, mais lorsque le règne de David sera restauré, il n'y aura qu'un seul trône à Jérusalem. Un homme régnera *en tant que Dieu* et partagera le trône de Dieu. Cela sera très différent de l'autorité déléguée que David avait reçue.

---

6. Psaumes 10 : 16 ; 29 : 10 ; 74 : 12 ; 45 ; 47 : 2, 8 ; 93 ; 96 ; 97-99 ; 103 ; Esaïe 2 : 2-4 ; 49 : 7 ; Jérémie 10 : 10 ; Ézéchiel 20 : 33 ; Daniel 2 : 44 ; Michée 4 : 1-3 ; Zacharie 8 : 3, 20-23 ; 14 : 9, 17 ; Apocalypse 11 : 15.

7. Esaïe 9 : 6-7 ; 11.

Jésus est le Roi qui peut régner comme un plus grand David et siéger en tant que Dieu dans le sanctuaire d'adoration vers lequel la tente de David pointait.

Avec tout cela en tête, la déclaration de Jacques, dans Actes 15, devient plus claire. Jésus est le grand David, et il en restaurera le trône. Il est l'Humain Divin qui siégera, mais Jésus doit le faire dans un sanctuaire d'adoration entouré de son peuple qui rencontre sa beauté et y répond par le chant. David a permis à un non-Juif de venir sous la tente, mais ce n'était qu'une petite image de ce que Dieu désire. [8]

Jésus est destiné à régner sur un trône sur la terre au milieu d'un sanctuaire d'adoration, où des personnes de toutes tribus peuvent rencontrer la beauté de Dieu, être transformées, puis proclamer cette même beauté. Le sanctuaire à venir sera différent de tout ce que nous avons vu jusqu'à présent. Le tabernacle et le temple n'étaient que des prototypes. Ce sanctuaire sera le ciel sur la terre,[9] ce qui signifie que la présence manifeste de Dieu habitera parmi son peuple. Ils pourront demeurer avec lui et le voir dans sa beauté sans être détruits.

(Il est intéressant de noter que le prophète Daniel a prédit que l'homme que nous appelons généralement l'*antéchrist* « dressera les tentes de son palais entre la mer et la glorieuse montagne sainte. » [10] Compte tenu de la signification de la tente de David, de l'identité de l'antéchrist en tant que « faux messie » et du fait que ce dernier exigera d'être adoré,[11] il semble très probable qu'il tentera de régner en tant qu'homme et faux dieu en exigeant d'être adoré, alors qu'il sera assis dans une tente de son palais qui est une caricature pervertie du tabernacle de David. Si l'antéchrist imitera le sanctuaire d'adoration de David, cela souligne encore plus son importance).

---

8. Genèse 12 : 3 ; 28 : 14 ; Deutéronome 32 : 21 ; Psaumes 22 : 27 ; Esaïe 24 : 14-16 ; 42 : 10-12 ; 49 : 6 ; 56 : 6-7 ; 60 : 1-3 ; 65 : 1 ; Jérémie 16 : 19-21 ; Amos 9 : 11-12 ; Zacharie 2 : 11 ; 14 : 16 ; Malachie 1 : 11 ; Matthieu 24 : 14 ; 28 : 19 ; Actes 1 : 6-8 ; Romains 15 : 9 ; Apocalypse 5 : 9 ; 7 : 9.

9. Esaïe 2 : 2-4 ; 12 : 6 ; Joël 4 : 17, 21 ; Michée 4 : 1-3 ; Zacharie 2 : 14 ; 8 : 3 ; Apocalypse 21 22.

10. Daniel 11 : 45.

11. Daniel 11 : 36-37 ; 2 Thessaloniciens 2 : 4 ; Apocalypse 13 : 3-4, 8, 12.

L'expansion de l'Evangile aux non-Juifs fait partie du plan de Dieu visant à préparer un sanctuaire d'adoration pour Jésus. David a mis en place 288 chanteurs avec 4 000 musiciens qui étaient presque tous des Israélites,[12] mais ce n'était qu'une préfiguration. Dieu va former une multitude que personne ne peut dénombrer,[13] de tous les peuples pour se tenir devant l'Homme Divin, jouir de sa présence et chanter sa beauté. Jacques a compris que Dieu faisait entrer les non-Juifs dans l'identité sacerdotale d'Israël telle qu'elle avait été définie sous le règne de David. (L'une des grandes surprises du Nouveau Testament est que Dieu a commencé à inviter les non-Juifs dans l'identité sacerdotale d'Israël avant que tout Israël ait été restauré dans la sienne).

David a investi une somme importante dans le sanctuaire d'adoration, et il y a inclus un nombre incroyable de personnes. Si le tabernacle de David était le prototype, cela signifie que l'accomplissement doit aller bien au-delà de tout ce que David avait imaginé. Alors que David a créé un sanctuaire pour qu'Israël chante à la présence de Dieu sur l'arche, Dieu se prépare un sanctuaire pour que la terre entière le chante alors qu'il habite personnellement dans le sanctuaire sur la terre. Cela va être incommensurable, au-delà de tout ce que nous pouvons imaginer, et la mission de l'Eglise est de s'associer à Dieu pour proclamer sa beauté en tout lieu et voir un peuple nombreux formé pour se tenir dans le sanctuaire à venir.

Remplir les nations de prototypes

Notre rôle est de répondre au Seigneur comme l'a fait David.

Dieu seul déterminera quand Jésus reviendra à Jérusalem, et lui seul peut y établir la demeure de Jésus. Nous, par contre, nous avons reçu le même mandat que celui donné à David. La présence de Dieu est tangible au milieu de l'Eglise comme elle l'était sur l'arche,[14] et

---

12. 1 Chroniques 16 : 37 ; 23 : 5 ; 25 : 7.
13. Apocalypse 7 : 9.
14. 1 Corinthiens 3 : 16-17 ; 2 Corinthiens 6 : 16 ; Ephésiens 2 : 21-22.

nos églises doivent être des sanctuaires d'adoration où nous contemplons sa beauté et y répondons par le chant.

Comme le tabernacle de David, l'Eglise est une communauté qui vit comme la démonstration présente d'une réalité future.

Le tabernacle de David pointait vers l'avenir - au jour où Dieu habitera à Jérusalem en tant que Roi divin et humain. L'Eglise est tournée vers ce même avenir et doit donc suivre un modèle similaire. David a placé une tente à Jérusalem, mais Dieu veut remplir la terre de « tentes » - des communautés rassemblées autour de Dieu, présent au milieu d'elles. Ces sanctuaires d'adoration pointent vers le jour où Dieu reviendra s'asseoir *en tant qu'Homme* dans un plus grand sanctuaire d'adoration.

Dieu fera sa part, mais nous devons faire la nôtre. David a construit une tente à Jérusalem, et c'est maintenant à notre tour d'en construire partout.

De plus, si nous avons été mandatés pour construire des communautés qui contemplent le Seigneur pointant vers la grandeur à venir de sa demeure sur la terre, alors cela doit affecter notre façon de former des disciples et notre façon de vivre ensemble en tant que peuple.

Votre communauté locale est-elle une préfiguration du sanctuaire d'adoration à venir ? Formez-vous les gens à se tenir aujourd'hui comme des sacrificateurs dans l'église locale et dans le sanctuaire d'adoration à venir ?

Le tabernacle d'Antioche

L'église d'Antioche était un temple, mais c'était quelque chose de plus spécifique que cela : *l'église d'Antioche était une expression du tabernacle de David.*

David a établi le chant comme une partie essentielle du ministère du temple, et cela est resté jusqu'à l'époque des apôtres. En fait, chaque réveil qui a eu lieu après David a rétabli la place des chantres et des musiciens dans le temple.[15] Si l'église d'Antioche était modelée sur un temple et que les dirigeants étaient des sacrificateurs, il est fort probable qu'ils chantaient la beauté de Jésus en Actes 13 : 2.

David a construit son tabernacle sur deux fondations :

Son désir de la beauté de Dieu.

Je demande à l'Eternel une chose, que je désire ardemment : je voudrais habiter toute ma vie dans la maison de l'Eternel, pour contempler la beauté de l'Eternel et pour admirer son temple (Psaumes 27 : 4).

Sa douleur pour que Dieu ait une demeure sur la terre.

Eternel, souviens-toi de David, de tout ce qu'il a souffert ! Il a fait un serment à l'Eternel, il a fait ce vœu au puissant de Jacob : « Je n'entrerai pas dans ma maison, je ne monterai pas sur mon lit, je ne donnerai pas de sommeil à mes yeux ni de repos à mes paupières avant d'avoir trouvé un endroit pour l'Eternel, une demeure pour le puissant de Jacob » (Psaumes 132 : 1-5).

La description de l'église d'Antioche par Luc tel un temple, montre qu'elle était également basée sur ces deux fondements :

Un jour qu'ils adoraient ensemble le Seigneur et qu'ils jeûnaient... (Actes 13 : 2 - SEM).

Ils *adoraient le Seigneur.* Ils ne se contentaient pas de prier, ils contemplaient ensemble la beauté du Seigneur. Pour utiliser le langage de David, ils contemplaient ensemble la beauté de Dieu, cherchant une révélation de sa personne et de ses voies. Il ne fait aucun doute qu'ils se sont également enquis *(DRB, s'enquérir)* du Seigneur car, lorsque vous rencontrez la beauté du Seigneur, vous voulez naturellement vivre avec sagesse et l'imiter.

---

15. 2 Chroniques 20 : 19-28 ; 23 : 18 ; 29 : 25-27 ; 35 : 15 ; Esdras 3 : 10-11 ; Néhémie 12 : 24, 45.

Ils *jeûnaient* également. Nous pensons souvent que le jeûne est une mesure extrême pour obtenir une réponse à une demande urgente, mais ce n'est pas la définition du jeûne du Nouveau Testament. Jésus l'a résumée dans Matthieu 9 :

> *Jésus leur répondit : « Les invités à la noce peuvent-ils être tristes tant que le marié est avec eux ? Les jours viendront où le marié leur sera enlevé, et alors ils jeûneront » (v. 15).*

Jésus a été critiqué parce que ses disciples ne jeûnaient pas, et la réponse de Jésus a été simple : « Lors de mariages, les gens se lamentent-ils en présence des mariés ? Comment donc mes disciples peuvent-ils jeûner quand je suis avec eux ? » Jésus avait prédit que ses disciples jeûneraient lorsqu'il leur serait enlevé, ce qui indique que le jeûne du Nouveau Testament est une expression de deuil *(Bible la Colombe, mener le deuil)* et de profond désir.

Lorsque nous jeûnons, nous nous abstenons de consommer de bonnes choses que Dieu nous a données pour notre bien. Nous ne jeûnons pas de ces choses parce qu'elles sont mauvaises ; nous jeûnons pour affirmer que nous ne pouvons pas profiter pleinement de ces bienfaits parce que Jésus n'est pas avec nous. *Le jeûne du Nouveau Testament est l'expression du deuil face à l'absence de Jésus.* C'est une déclaration que nous faisons de ne pas être pleinement satisfaits de ce que Dieu nous a donnés parce que Dieu lui-même n'est pas là avec nous.

Le jeûne du Nouveau Testament est une expression de la douleur de David.

David ne pouvait pas se reposer pleinement parce que Dieu n'avait pas de lieu de repos sur la terre, et nous ne pouvons pas nous reposer jusqu'à ce que Jésus revienne et ait son lieu de repos. Les dirigeants d'Antioche jeûnaient par désir. Ils étaient poussés par la douleur du désir de voir Jésus revenir et demeurer au milieu de son peuple sur la terre.

Le désir de David de voir la beauté de Dieu a produit, à cause de l'absence physique de Dieu, une douleur dans son cœur, et Jésus a prédit que son peuple vivrait aussi dans le deuil parce qu'il lui manquerait. Comment se fait-il que nous semblions si satisfaits de l'absence de Jésus ? Je connais un homme qui a étudié à la faculté de théologie et qui s'est ensuite éloigné de la foi en raison de l'apathie qu'il a rencontrée concernant le retour de Jésus. Il a supposé que si les théologiens n'attendaient pas le retour de Jésus, c'est que Jésus n'existait peut-être pas.

Le deuil face à l'absence de Jésus est l'un des sujets les plus négligés dans l'Eglise, mais cela devrait être un résultat naturel du discipulat biblique. Lorsque les apôtres se sont réunis pour contempler Dieu, ils ont pris le deuil, et nous devrions faire de même. Si nous ne menons pas le deuil, c'est un signe que nous n'avons pas suivi le modèle établi pour nous.

Le discipulat devrait produire la contemplation, le jeûne et un sentiment de deuil. Si tel n'est pas le cas, le processus de formation de disciples est incomplet.

L'église d'Antioche faisait un certain nombre de choses. Il y avait l'enseignement et le ministère pastoral. C'était une communauté multiraciale qui vivait ensemble en tant « qu'homme nouveau », elle prenait soin les uns des autres et elle donnait aux pauvres. Elle pratiquait toutes les activités que nous associons à une communauté ecclésiale dynamique, mais Luc a décrit l'essence de l'église d'Antioche d'une manière très spécifique : c'était une église où les dirigeants contemplaient communautairement la beauté du Seigneur et attendaient avec impatience son retour afin qu'il habite au milieu d'eux. *L'église d'Antioche faisait tout ce que nous associons généralement à une église locale, mais la contemplation collective était l'ADN central de cette communauté.*

Luc ne nous a pas dit comment l'église organisait ses services et quels modèles elle utilisait pour contempler le Seigneur. Il ne nous dit pas non plus le nombre d'heures qu'elle se réunissait par semaine. Tout cela était très intentionnel de la part de Luc. Il a pris soin de ne pas nous dire *comment* l'église contemplait la beauté de Dieu, car les valeurs sont plus importantes que l'expression. Les églises peuvent adopter différents modèles, et certaines peuvent se rassembler plus que d'autres, mais le point principal n'est pas là. L'essentiel est simple : *notre approche de l'église est-elle construite sur les valeurs d'Antioche : des valeurs qui proviennent du tabernacle de David ?* Commençons-nous par faire de la contemplation communautaire le fondement de l'église ?

Le tabernacle de David était somptueux, et si l'église du Nouveau Testament est construite sur ce fondement, alors notre engagement à contempler la beauté du Seigneur devrait être lui aussi, somptueux. En fait, combien plus somptueux devrait-il être maintenant que nous avons le don du Saint-Esprit, la révélation de Dieu et de sa souffrance en la personne de Jésus ? La contemplation communautaire n'est pas seulement un programme ou un événement. Si nous suivons l'exemple de David, elle devrait affecter nos emplois du temps, éveiller nos émotions et même inclure d'importantes contributions financières.

Luc a relié cette description de l'église d'Antioche à la décision du Saint-Esprit d'envoyer Paul et Barnabas afin que nous établissions un lien essentiel : Paul et Barnabas ont été envoyés pour reproduire Antioche. Ils ont été mandatés pour établir en tout lieu de nouveaux « temples » où les communautés pourraient se rassembler pour contempler ensemble la beauté de Dieu, devenir comme lui, et mener le deuil face à son absence.

Paul et Barnabas ont été envoyés depuis un sanctuaire d'adoration pour aller implanter des sanctuaires d'adoration.

David ne semblait pas être le choix le plus probable pour construire un sanctuaire d'adoration. En fait, lorsque Samuel est venu oindre l'un des fils de Jessé pour qu'il devienne roi, ce dernier a rassemblé tous ses fils, sauf David. David était une sorte de paria dans sa propre famille, et personne ne s'attendait à ce qu'il soit le roi choisi. De plus, David était un homme extrêmement imparfait, avec de graves péchés et de gros échecs. Mais Dieu a aimé David et a pu l'utiliser à cause de son désir et de sa douleur. De la même manière, Paul est l'apôtre le plus connu du Nouveau Testament, et il ne semblait pas non plus être le choix le plus probable pour travailler parmi les non-Juifs. Il avait persécuté l'Eglise primitive et était un Juif fervent.

Comme David, les non-Juifs ont longtemps été considérés comme des parias, et comme David, ils sont issus de toutes sortes de milieux et ont commis toutes sortes de péchés. Pourtant, comme David, Dieu veut les faire entrer dans sa famille, et il cherche des non-Juifs qui portent en eux le désir et la douleur de David.

11

LE FEU EST DE RETOUR

LORSQUE DIEU s'est formé pour la première fois un peuple communautaire, il est descendu au milieu de lui dans un feu.[1] Ce feu était l'expression de sa présence au milieu de son peuple. Lorsque Salomon a consacré le temple, le feu est à nouveau tombé, indiquant que le temple était le lieu de la présence de Dieu au sein de son peuple.[2] Tragiquement, Israël s'est égaré, et lorsque Babylone a détruit le temple, Ézéchiel a vu le feu de Dieu quitter la ville de Jérusalem.[3]

Plusieurs décennies plus tard, les exilés juifs sont retournés à Jérusalem et ont reconstruit le temple par obéissance. Ils ont eu raison de le faire, mais le feu n'est jamais descendu dans le second temple. L'absence de feu était un indicateur que le temple était temporaire - il n'était pas la demeure permanente de Dieu. Lorsque Jésus est venu, Israël attendait toujours que le feu - la manifestation visible de la présence de Dieu - revienne et habite au milieu de lui.

Puis, le jour de la Pentecôte, le feu est soudainement revenu.[4]

---

1. Voir le livre de l'Exode.
2. 2 Chroniques 7 : 1-3.
3. Ezéchiel 10 ; 11 : 23.
4. Actes 2 : 2-3.

Lorsque le feu est tombé le jour de la Pentecôte, c'était une déclaration publique et éclatante : *le temple est de retour*. Dieu habite à nouveau parmi son peuple. L'Esprit a été déversé près du temple, mais le feu est tombé sur un peuple communautaire plutôt que sur un bâtiment. Dieu pouvait désormais habiter *pleinement* parmi son peuple sans la séparation qui existait dans le tabernacle et dans le temple.

Lorsque le feu est tombé, les gens ont soudainement commencé à parler de l'Evangile dans de nombreuses langues étrangères qu'ils ne connaissaient pas. Le temple n'était plus un bâtiment ; c'était maintenant une communauté rassemblée, et les différentes langues indiquaient qu'il se répandait dans les nations. (Cependant, l'Evangile a d'abord été donné à Israël et annoncé par des messagers juifs, ce qui montre que les « branches naturelles » restent une priorité). [5]

Le tabernacle, et ensuite le temple, ont créé un contexte permettant aux douze tribus d'être unifiées autour de la présence de Dieu. Ce temple vivant est le contexte permettant à *toutes les tribus* de la terre de s'unifier autour de la présence de Dieu, de devenir l'image d'un « homme nouveau » et de vivre comme un seul peuple sous un seul Roi.[6] Comme les douze tribus d'Israël, nos « tribus » ont aussi des distinctions, mais nous sommes unifiés en un seul peuple par la présence de Dieu dans son sanctuaire d'adoration.

Le concept néotestamentaire de l'Eglise s'est construit autour de l'idée que le temple s'est répandu dans les nations. Le temple n'était plus limité à Jérusalem, et le peuple de Jésus a reçu un nouveau mandat : *Allez bâtir en tous lieux des temples parmi les non-Juifs.* [7]

Des temples, pas des synagogues

Lorsque Babylone a détruit le temple et qu'Israël est parti en exil, ce dernier a bâti des synagogues pour ne pas perdre son identité. La

---

5. Romains 1 : 16.
6. Ephésiens 2 : 11-22.
7. Matthieu 28 : 18-20 ; Actes 1 : 8 ; 1 Corinthiens 3 : 16-17 ; 2 Corinthiens 6 : 16 ; Ephésiens 2 : 21-22.

synagogue était un lieu communautaire de prière et d'enseignement des Ecritures. C'était une structure conçue pour préserver un peuple et enseigner aux générations suivantes comment suivre le Dieu d'Israël. Le modèle de la synagogue servait un objectif important, mais la proéminence de la synagogue était un rappel visuel que le temple avait été perdu. C'était un signe de jugement.

Lorsque le feu (la présence) est revenu à la Pentecôte, l'Eglise primitive a compris qu'elle était un *temple, et* non une *synagogue*. Avec le temps, l'Eglise est devenue plus proche de la synagogue que du temple. L'Eglise est maintenant généralement considérée comme un lieu communautaire d'enseignement, où les gens se réunissent pour apprendre à connaître Dieu et pour développer les relations. En d'autres termes, une synagogue. Tout cela est précieux, mais c'est aussi tragique. L'Eglise devrait être connue comme le lieu où les gens se rassemblent pour contempler la gloire de Dieu au milieu d'eux et pour le servir. En d'autres termes, un temple. Le modèle du temple inclut l'enseignement et le développement des relations, mais dans un temple, l'enseignement et les relations communautaires ne sont pas le centre. Les gens se réunissent autour de la gloire de Dieu habitant au milieu d'eux.

L'Eglise est en réalité un temple, un lieu où une communauté se rassemble pour contempler ensemble la beauté de Dieu. C'est le ministère central de l'Eglise, et tout en découle.

Partout où l'Eglise existe, nous sommes appelés à fonctionner comme un temple communautaire en raison de l'Esprit qui habite en nous. A Antioche, ville non-juive, Paul et Barnabas faisaient partie d'un peuple qui servait le Seigneur en tant que sacrificateurs dans un « temple ». C'est ainsi que le Nouveau Testament concevait l'Eglise. Par exemple, Paul rappelait aux Corinthiens qu'ils étaient le temple vivant de leur ville et les avertissait de considérer l'Eglise comme la demeure de Dieu :

> *Ne savez-vous pas que vous êtes le temple de Dieu et que l'Esprit de Dieu habite en vous ? Si quelqu'un détruit le temple de Dieu, Dieu le détruira, car le temple de Dieu est saint, et c'est ce que vous êtes (1 Corinthiens 3 : 16-17).*

Le peuple communautaire de Dieu rassemblé est le temple auquel Paul fait référence ici, car le feu de la présence de Dieu est tombé à la Pentecôte sur tous ceux qui étaient rassemblés pour former un peuple communautaire. Il n'est pas tombé sur des individus isolés.

Le temple du Nouveau Testament est un peuple communautaire rassemblé, au milieu duquel l'Esprit de Dieu habite.

Comme nous l'avons vu, Dieu a d'abord rassemblé un peuple autour de sa présence au mont Sinaï. Lors de ce rassemblement, Dieu a déclaré son intention pour son peuple :

J'habiterai au milieu des Israélites et je serai leur Dieu (Exode 29 : 45).

Je marcherai au milieu de vous, je serai votre Dieu et vous serez mon peuple (Lévitique 26 : 12).

Dans 2 Corinthiens, Paul applique ces déclarations aux « temples » du Nouveau Testament, montrant que les églises des nations sont des temples liés à ce qui a commencé au Sinaï :

En effet, vous êtes le temple du Dieu vivant, comme Dieu l'a dit : J'habiterai et je marcherai au milieu d'eux ; je serai leur Dieu et ils seront mon peuple (2 Corinthiens 6 : 16).

L'Eglise du Nouveau Testament ne remplace pas ce qui s'est passé au Sinaï ; elle est une expansion de ce qui a commencé au mont Sinaï.

Dieu veut habiter au milieu de nous, être notre Dieu, et il veut que nous devenions son peuple. Nous avons pris l'habitude de ne pas tenir compte de presque tout ce qui se trouve dans l'Ancien Testament, mais l'Eglise doit se tourner vers le Sinaï pour découvrir le dessein de Dieu pour son peuple. *Chaque communauté ecclésiale devrait être l'expression de ce qui a commencé au Sinaï.* Chaque église devrait être l'endroit où les gens peuvent contempler la gloire de Dieu, apprendre ses voies et être transformés à son image. Grâce au don de l'Esprit, nous pouvons tous être transformés et devenir un sacerdoce communautaire.

L'adoration d'Israël n'a pas toujours été aussi spectaculaire que ce qui s'est passé au mont Sinaï, mais la présence de Dieu a toujours habité parmi les Israélites dans les générations suivantes. De la même manière, chaque rassemblement communautaire ne sera pas aussi époustouflant que le jour de la Pentecôte, mais le feu de Dieu demeurera toujours au milieu de son peuple, même lorsqu'il n'est pas exceptionnel.

Toutes nos activités - y compris l'enseignement, le travail pastoral, les rencontres de maison, le soin des pauvres et le service aux autres - devraient découler d'un environnement où nous rencontrons ensemble la gloire du Seigneur.

Sommes-nous encore conscients d'être un temple, ou avons-nous dérivé vers un modèle de synagogue ? La synagogue est devenue un moyen valable de maintenir l'identité du peuple de Dieu lorsque le temple avait été perdu. C'était une bonne chose, mais c'était aussi un signe de jugement, un indicateur que quelque chose avait été perdu.

La prise de conscience que l'Eglise est un temple nous amène à réorienter le but de nos rassemblements. L'Eglise n'existe pas seulement pour le peuple de Dieu, elle existe pour Dieu. Nous nous réunissons pour le servir, et ensuite pour nous servir les uns les autres. Les églises sont promptes à se demander si les gens apprécient leurs services et leurs activités, mais combien de fois les responsables d'églises se réunissent-ils et se demandent : *Dieu apprécie-t-il nos réunions ? A-t-il apprécié notre adoration ? A-t-il pris plaisir dans la prédication de la Parole ?* Nous devrions réfléchir aux moyens de rendre l'église accessible à tous, il s'agit là d'une considération importante, mais *secondaire*. L'Eglise est un temple, et elle existe premièrement pour Dieu et deuxièmement pour nous.[8]

Le tabernacle a été construit pour que Dieu puisse habiter parmi

---

8. Le but « secondaire » du temple est très important, mais il doit être secondaire pour que l'église fonctionne correctement.

son peuple, et l'Eglise est l'expression actuelle de ce même désir. Dieu dit à chaque église ce qu'il a dit aux Israélites :

Ils me feront un sanctuaire et j'habiterai au milieu d'eux (Exode 25 : 8).

Envoyer des ouvriers qui contemplent

Comme nous l'avons vu, la Bible décrit le jardin d'Eden comme une sorte de temple. Adam et Eve étaient des sacrificateurs dans le jardin, et ils avaient accès à la présence de Dieu.[9] Ils pouvaient le contempler et devenir comme lui. Ils étaient son image et son bien précieux.[10] Dieu leur a donné une mission très précise : agrandir le jardin.[11] Prendre soin de la demeure de Dieu dans le jardin n'était pas suffisant.

Dieu voulait que les premiers humains sortent du jardin et cultivent le reste de la terre pour qu'elle devienne un temple comme le jardin. Adam et Eve ont été les premiers responsables de louange *et* les premiers missionnaires. Avant la chute, Adam et Eve ont reçu une mission ; la mission est donc un élément essentiel de notre mandat de ce côté de l'Eternité.

Depuis le commencement, Dieu a voulu que le temple se répande et remplisse la terre. Contempler la beauté de Dieu a toujours été la base et l'élan de la mission.

Le jardin nous enseigne que l'adoration n'a jamais été conçue pour être stagnante. L'adoration n'est pas quelque chose qui doit être maintenu ; elle est censée se développer en de nouveaux chants, de nouvelles expressions et de nouveaux lieux. Ce point de vue doit

---

9. Lorsqu'il est compris dans son contexte, le jardin d'Eden est décrit comme un temple, où Dieu habite parmi son peuple et où Adam et Eve sont présentés comme des sacrificateurs. Un certain nombre de théologiens ont abondamment écrit sur ce sujet. Par exemple, voir l'ouvrage de G. K. Beale intitulé *God Dwells Among Us: Expanding Eden to the Ends of the Earth* et *The Temple and the Church's Mission: A Biblical Theology of the Dwelling Place of God.*

10. Genèse 1 : 26 ; 5 : 1 ; 9 : 6 ; 1 Corinthiens 11 : 7 ; 15 : 47-49 ; Colossiens 3 : 10 ; Jacques 3 : 9.

11. Genèse 1 : 28.

influencer notre vision de l'adoration et la façon dont nous la dirigeons. Dieu nous demande encore aujourd'hui de « développer ce jardin-temple » en implantant de nouveaux « temples » et en fortifiant les communautés existantes jusqu'à ce qu'elles atteignent la maturité.

Dieu a ensuite formé Israël pour qu'il soit un peuple missionnaire. Il voulait qu'Israël le contemple et vive en conséquence afin que les nations découvrent qui il était et viennent l'adorer, et qu'en fin de compte le sanctuaire d'adoration s'étende sur toute la terre.[12] Le tabernacle de David était l'étape suivante de la tâche missionnaire de l'adoration. David a placé l'arche dans une tente ouverte et a permis aux non-Juifs de s'en approcher. Il a fait du chant, l'expression centrale de l'adoration du temple. Ses chantres et ses musiciens ont composé des chants qui continuent, encore aujourd'hui, de proclamer la beauté de Dieu.

Adam et Eve ont été établis comme missionnaires dans un environnement semblable à celui d'un temple, et Israël a été appelé à maintenir un sanctuaire d'adoration pour devenir un peuple missionnaire. Le plan de Dieu s'accroît et s'étend tout au long de l'Histoire, alors, si la mission a commencé depuis un sanctuaire d'adoration, à quel point l'Eglise du Nouveau Testament devrait-elle exprimer ce même modèle ?

Dans la majeure partie de l'Ancien Testament, la mission de Dieu se déroulait lorsque les gens venaient au temple de Jérusalem, mais dans le Nouveau Testament, le modèle a radicalement changé. Désormais, le temple est transporté dans les nations afin que tous les peuples puissent y rencontrer la présence de Dieu par le biais de « temples » (églises). Cela réoriente radicalement notre façon de concevoir l'adoration. L'adoration n'est pas simplement *attractive*, c'est-à-dire un outil pour rassembler les gens ; elle est aussi *missionnaire*, c'est-à-dire qu'elle doit être amenée vers les gens. Des sanctuaires d'adoration doivent exister parmi les nations.

---

12. Psaumes 72 : 19 ; Esaïe 6 : 3 ; 11 : 10 ; Habacuk 2 : 14.

Le but suprême de l'Eglise n'est pas la mission mais l'adoration. La mission existe parce que l'adoration n'existe pas. Le but suprême est l'adoration, non pas la mission, car Dieu est suprême, non pas l'homme. Lorsque ce temps présent sera terminé, et que d'innombrables millions de rachetés se prosterneront sur leur visage devant le trône de Dieu, la mission n'existera plus. La mission est une nécessité temporaire, l'adoration, en revanche, demeure éternellement.[13]

La mission existe pour produire l'adoration, car le « sanctuaire » d'adoration doit être agrandi. Cela doit influencer notre missiologie, y compris la manière dont nous envisageons la mission elle-même et le genre de personnes que nous envoyons. Les responsables de louange ne sont pas simplement des personnes douées préparant les gens à entendre une prédication. Ils doivent être des *missionnaires* qui participent à l'expansion du « sanctuaire d'adoration » en tous lieux.

Actes 13 démontre que la contemplation communautaire est une « rampe de lancement » pour la mission parce que la contemplation communautaire est le fondement du discipulat et que le discipulat est la tâche principale de la mission. [14]

Si nous voulons voir des messagers apostoliques comme Paul et Barnabas, nous devons envoyer des hommes et des femmes qui ont été façonnés en contemplant la beauté de Jésus. Nous ne devrions pas envoyer des personnes qui ne savent pas comment le contempler, car elles ne seront pas en mesure de faire des disciples selon le modèle biblique.

L'une des raisons pour lesquelles Paul était si efficace est qu'il avait été façonné par la vision de Jésus et que l'Evangile lui avait été révélé.[15] Beaucoup d'entre nous ont appris des informations sur l'Evangile, mais combien peuvent dire que l'Evangile leur a été *révélé* par l'Esprit lorsqu'ils ont vu Jésus ?

---

13. John Piper, *Let the Nations Be Glad ! The Supremacy of God in Missions* (Grand Rapids : Baker, 1993/2003), 17.
14. Matthieu 28 : 18-20.
15. Galates 1 : 12.

La contemplation biblique est nécessaire pour la mission du Nouveau Testament.

Des communautés qui préparent les ouvriers

Le missionnaire le plus éminent du Nouveau Testament a été formé et envoyé depuis une église locale se trouvant dans une ville non-juive, ce qui montre que, bibliquement, l'église locale est le premier endroit pour la formation de disciples, l'adoration, la formation et l'envoi en mission. Paul a été façonné personnellement par le Seigneur, mais il a aussi été façonné par la contemplation communautaire du Seigneur. Nous avons pris l'habitude de nous tourner vers les conférences, les comités et autres structures pour former et envoyer nos missionnaires. Toutes ces choses peuvent être utiles, mais le modèle du Nouveau Testament est centré sur l'église.

La culture d'une église locale est déterminée dans une large mesure par les chants qu'elle chante, et les chants chantés dans une congrégation sont l'expression de la dévotion du responsable de louange et des autres responsables de la congrégation. Si les leaders vivent de manière missionnaire, ils produiront une adoration qui porte ce même esprit. La culture de l'adoration dans votre église est-elle propice à produire un moment semblable à Actes 13 ?

De plus, une culture d'adoration met l'accent sur la personne de Dieu et elle nous amène à créer un espace pour sa direction. L'adoration à Antioche a créé un espace pour que le Saint-Esprit puisse diriger activement, et il désire ardemment diriger de cette manière. Si nous ne le laissons pas diriger, il est peu probable que des messagers comme Paul et Barnabas aient le même genre de résultats.

Un petit rassemblement sur le modèle du tabernacle de David a changé l'histoire du monde et a déclenché un mouvement missionnaire vers les non-Juifs. Dieu fera de même à notre époque si nous suivons le modèle.

Des messagers orientés vers Dieu

Paul avait une mission très spécifique auprès des non-Juifs, mais il ne s'est pas concentré sur son appel pour le voir s'accomplir. (En fait, il y a eu une période de quinze ans entre la conversion de Paul et son envoi d'Antioche). La mission de Paul a été lancée à partir d'une communauté de fidèles qui se concentrait sur la beauté de Dieu. En fait, Paul n'a pas été envoyé dans sa mission en essayant de l'accomplir. Il a été propulsé dans sa destinée en contemplant la beauté du Seigneur et en créant un espace pour que le Saint-Esprit dirige sa vie.

Il est facile de se laisser distraire en se concentrant sur « sa vocation ».

Nous devons être fidèles à obéir aux instructions que Dieu nous donne, mais la tâche missionnaire ne peut pas être centrée sur nos appels et nos rêves. Si nous faisons une fixation sur « notre appel » et « notre destinée », nous devenons un obstacle aux desseins de Dieu. Si nous nous engageons dans la mission, principalement pour répondre à notre « appel », nous implanterons des églises qui reflètent ce désir et qui seront davantage centrées sur notre propre désir de satisfaction que sur le désir de Dieu. Tragiquement, même des tâches nobles comme la mission peuvent finir par être centrées sur l'homme. Cependant, l'Eglise existe pour Dieu, pas pour l'homme, et Dieu recherche des ouvriers qui ont contemplé sa gloire plus que leur propre destinée et qui implantent des églises avec ce même ADN.

Le ministère apostolique doit venir d'une Eglise orientée vers Dieu, et non d'une Eglise orientée vers l'homme, car les apôtres doivent être envoyés pour implanter des églises (temples) orientées vers Dieu, et non des congrégations formées pour accomplir des destinées personnelles.

12

DES NON-JUIFS CONTEMPLANT LA BEAUTÉ DE DIEU

Nous avons appris plusieurs choses :

- Dieu a placé Adam et Eve dans un jardin pour le contempler, et il leur a ordonné d'étendre le jardin aux nations.
- Lorsque Dieu a formé, pour la première fois, un peuple communautaire au mont Sinaï, il a rassemblé un peuple autour de sa présence. Il l'a appelé à être un peuple sacerdotal qui le représenterait auprès des nations.
- Le tabernacle de David était un aperçu prophétique important de ce qui allait arriver. Dieu habitait, par sa présence, en tant que Roi à Jérusalem dans un sanctuaire d'adoration. David a établi l'expression sans commune mesure du chant et a montré la vocation d'Israël à être une nation sacerdotale.
- Les apôtres ont compris que les églises du Nouveau Testament étaient des « temples » exprimant le modèle du tabernacle de David dans toutes les nations de la terre. Le temple s'est répandu. Les communautés ecclésiales sont des temples, des lieux de contemplation communautaire

où le peuple de Dieu contemple la beauté de Dieu et exprime son désir qu'il revienne habiter sur la terre.

- L'Eglise n'est pas un *remplacement* de ce qui a précédé ; elle est une *expansion* radicale du désir de Dieu d'habiter parmi son peuple.
- Dieu habite parmi son peuple afin que celui-ci puisse contempler sa beauté, être transformé à son image et le représenter au monde qui l'entoure. Par conséquent, les modèles d'église devraient permettre à l'assemblée de contempler ensemble la beauté de Dieu.
- La contemplation communautaire est le fondement du discipulat. Il doit commencer par la contemplation.
- La contemplation communautaire est la « rampe de lancement » de la mission, car la mission existe pour former de nouvelles communautés qui seront formées par la contemplation. Ces communautés ne peuvent être établies que par des ouvriers qui ont été formés par la contemplation.

Nous avons examiné la description faite par Luc de l'église d'Antioche, du moment où Paul et Barnabas ont été envoyés, et de la rencontre des apôtres à Jérusalem. Nous devons maintenant examiner le résumé de la missiologie de Paul dans sa lettre aux Romains.

Un peuple chantant dans les nations

Dans Romains 15, Paul décrit sa mission et écrit que Jésus est venu *afin que les non-Juifs* chantent :

> *J'affirme [en effet] que [Jésus-]Christ est devenu le serviteur des circoncis pour prouver que Dieu est vrai en confirmant les promesses faites à leurs ancêtres. Quant aux non-Juifs, ils célèbrent Dieu à cause de sa bonté, comme le dit l'Ecriture : C'est pourquoi je te louerai parmi les nations et je chanterai à la gloire de ton nom. Il est dit encore : Nations, réjouissez-vous*

avec son peuple ! Et encore : Louez le Seigneur, vous toutes les nations, célé-brez-le, vous tous les peuples ! Esaïe dit aussi : Il paraîtra, le rejeton d'Isaï, il se lèvera pour régner sur les nations ; les nations espéreront en lui (Romains 15 : 8-12).

Combien d'entre nous résumeraient la mission de Jésus de cette manière ? Si Jésus est mort pour que les non-Juifs chantent et que Paul a donné sa vie pour que les païens chantent, *cela signifie que le chant (l'adoration) est un objectif missionnaire.*

Paul était un érudit de l'Ancien Testament, il cite ici plusieurs passages de l'Ancien Testament pour expliquer le dessein de Dieu pour les non-Juifs. Au verset 9, il cite un extrait d'un chant de David mentionné dans 2 Samuel 22 : 50.[1] Puis, au verset 10, il cite un chant de Moïse tiré de Deutéronome 32 : 43. Il poursuit avec une citation du Psaume 117 au verset 1, puis d'Esaïe 11 au verset 10.

Paul faisait fréquemment référence à des passages de l'Ancien Testament dans ses lettres. Il supposait que ses lecteurs comprenaient ses références, car l'Ancien Testament était les seules Ecritures dont disposait l'Eglise primitive. Il supposait également que ses lecteurs utiliseraient le contexte de ces citations pour interpréter ses écrits.

Les citations de Paul aident les lecteurs à comprendre le cheminement de sa pensée :

- Paul a cité des Ecritures qui s'appliquaient à l'origine à Israël, et les a appliquées aux non-Juifs, montrant que Jésus était venu pour les amener dans la vocation sacerdotale d'Israël.
- Jésus a fait entrer les non-Juifs en Israël pour qu'ils chantent. Paul a souligné que le chant était une expression visible de la vocation sacerdotale d'Israël.
- Paul cite d'abord un chant de David parce que ce dernier a fait du chant une expression importante du ministère

---

1. On le trouve aussi dans le Psaume 18 : 50.

sacerdotal et que l'Eglise est une expansion du ministère d'adoration de David.

- Paul cite un chant de Moïse pour montrer que les églises non-juives font partie du plan que Dieu a mis en œuvre lorsqu'il a formé un peuple au Sinaï.
- Paul a cité le Psaume 117, qui est un Psaume invitant les nations à se joindre à Israël et à chanter la fidélité de l'alliance de Dieu. Ce Psaume résume la mission de Paul d'inviter les non-Juifs à se joindre à Israël pour chanter.
- Enfin, Paul cite Esaïe pour rappeler que Dieu a toujours eu l'intention de faire participer les non-Juifs à la vocation sacerdotale d'Israël.

Paul a compris que, par Jésus, les non-Juifs étaient inclus dans l'appel sacerdotal d'Israël à chanter.

Les chants sans commune mesure d'Israël étaient une réponse à la présence de Dieu habitant au milieu d'eux. Aussi, la connexion que Paul fait avec la mission d'Israël suppose que l'Eglise est une expansion de celle-ci et qu'elle est basée sur les mêmes fondements. Le passage implique que, par Jésus, les non-Juifs peuvent maintenant contempler la beauté de Dieu comme Israël l'a fait et y répondre par des chants de louange.

Paul poursuit en décrivant son ministère, le plaçant dans un contexte sacerdotal, ce qui est la suite logique des versets 8 à 12 :

Cependant, je vous ai écrit avec une certaine audace sur quelques points; car je désirais raviver vos souvenirs, à cause de la grâce que Dieu m'a accordée. En effet, il a fait de moi le serviteur de Jésus-Christ pour les non-Juifs. J'accomplis ainsi la tâche d'un prêtre en annonçant l'Evangile de Dieu aux non-Juifs pour que ceux-ci deviennent une offrande agréable à Dieu, consacrée par l'Esprit Saint (Romains 15 : 15-16 - SEM).

Paul n'est pas né dans une lignée sacerdotale, mais par Jésus, il est entré dans une vocation sacerdotale et est devenu un homme sacerdotal. L'œuvre de Paul, parmi les non-Juifs, était un « service sacerdotal » visant à faire entrer ces derniers dans la vocation sacerdotale d'Israël et à faire d'eux des sacrificateurs « agréables ». David a fait du chant une expression centrale du sacerdoce, aussi Paul a-t-il décrit son ministère parmi les non-Juifs comme un ministère sacerdotal les amenant à contempler et à chanter.

Porter le nom du Seigneur

L'expression sacerdotale de Paul était très différente de celle du souverain sacrificateur d'Israël, mais elle était directement liée à ce fondement, car Paul avait été appelé à porter le nom du Seigneur :

> *Mais le Seigneur lui dit : Va, car cet homme est un instrument que j'ai choisi, pour porter mon nom devant les nations, devant les rois et devant les fils d'Israël (Actes 9 : 15 - NEG).*

Comme nous l'avons vu, la mission de « porter mon nom » était la mission donnée au souverain sacrificateur.[2] Le souverain sacrificateur devait « porter le nom de Dieu » devant Israël, et, de la même manière, Paul était appelé à « porter le nom de Dieu » devant les non-Juifs. Cette seule phrase résume la mission de Paul. Il a été transformé à l'image de Dieu par l'Esprit pour être un représentant de Dieu parmi les nations. Lorsque les non-Juifs rencontraient Paul, ils rencontraient l'image du Dieu d'Israël. Cela lui a donné le courage d'appeler les gens à l'imiter alors que lui-même suivait Christ.[3] Paul a été envoyé comme sacrificateur pour représenter Dieu auprès des non-Juifs *et* les appeler au sacerdoce. S'appuyant sur l'histoire d'Israël, Paul a souligné que le *chant* était le ministère sacerdotal le plus visible de ces nouveaux sacrificateurs.

Le ministère sacerdotal de Paul était très différent de celui du souverain sacrificateur, mais il faisait partie de la même histoire. En

---

2. Exode 28 : 29.
3. 1 Corinthiens 4 : 15-16 ; 11 : 1 ; Éphésiens 5 : 1 ; Philippiens 3 : 17 ; 1 Thessaloniciens 1 : 6 ; 2 Thessaloniciens 3 : 9 ; Hébreux 6 : 12.

Actes 9, Paul a été appelé à être un sacrificateur. Dans Actes 13, Paul vivait en tant que sacrificateur dans l'église d'Antioche, et dans Romains 15, Paul résume son ministère comme un ministère sacerdotal appelant les non-Juifs au sacerdoce.

Vivons-nous comme Paul ? Vivons-nous comme des sacrificateurs dans les nations, invitant les gens parmi lesquels nous vivons à entrer dans le sacerdoce ? Et réalisons-nous que le chant est censé être une expression importante de notre vocation sacerdotale ?

La mission est souvent réduite à l'évangélisation, mais Paul n'a pas décrit sa mission de cette manière. L'évangélisation en est une première étape importante, mais elle n'en est qu'une parmi d'autres. Paul travaillait pour que les non-Juifs deviennent des sacrificateurs et forment des temples vivants afin qu'ils puissent contempler ensemble la beauté de Dieu et chanter ce qu'ils voyaient. Au fur et à mesure que ces non-Juifs se rassembleraient pour former un temple vivant,[4] ils seraient transformés à l'image de Dieu et deviendraient une expansion de la vocation d'Israël à travers les nations. *Ceci* est le but de la mission.

Le missionnaire le plus éminent du Nouveau Testament se voyait comme un sacrificateur élargissant le sacerdoce en suscitant de nouveaux temples dans les nations. Telle est la tâche de la mission et de la vocation du missionnaire. *Votre missiologie est-elle conçue pour susciter des temples et produire un peuple chantant, dans les nations ?*

Paul a compris le désir de Dieu d'avoir des sacrificateurs chantants dans chaque nation, ce qui a suscité une grande ambition dans son cœur :

> *Et je me suis fait un honneur d'annoncer l'Evangile là où Christ n'avait point été nommé, afin de ne pas bâtir sur le fondement d'autrui, selon qu'il est écrit : Ceux à qui il n'avait point été annoncé verront, et ceux qui n'en avaient point entendu parler comprendront (Romains 15 : 20-21).*

Partageons-nous l'ambition de Paul ?

---

4. 1 Corinthiens 3 : 16-17 ; 2 Corinthiens 6 : 16 ; Ephésiens 2 : 21-22.

La missiologie sacerdotale de Paul

La missiologie de Paul était simple : il faisait participer les non-Juifs à la mission donnée à Israël de contempler ensemble la beauté de Dieu et de chanter ce qu'ils voyaient.

Israël a été formé autour du mont Sinaï comme une nation sacerdotale.[5] Pour faciliter l'appel sacerdotal de la nation, Dieu lui a donné des sacrificateurs, le souverain sacrificateur étant le représentant prééminent de l'appel d'Israël. De la même manière, Dieu a appelé Paul à être une figure du souverain sacrificateur pour servir l'appel sacerdotal des non-Juifs.

Quatre cents ans après le Sinaï, David a séparé le ministère d'adoration du ministère sacrificiel des sacrificateurs et a ajouté des chantres et des musiciens comme un aperçu prophétique de ce qui allait arriver. Le système des chantres et des musiciens de David est devenu un élément central de l'adoration d'Israël après l'époque de David. Par exemple, Néhémie mentionne des chantres et des musiciens seize fois.[6] Le mode de vie d'Israël (le discipulat) a été façonné par une culture consistant à contempler la présence de Dieu et à chanter, et cela s'est répandu.

La vie de David a été façonnée par son désir de beauté et par son aspiration à ce que Dieu habite sur la terre. *Paul implantait des assemblées parmi les non-Juifs qui vivaient de la même manière.* Paul a donné sa vie pour que nous puissions vivre avec la douleur de David, et il est temps de terminer la tâche de Paul. Il est temps qu'un reste de *tous les* peuples non-juifs chante pour le Dieu d'Israël. [7]

Vivre en tant que sacrificateurs

L'ancien Israël est le fondement de l'Eglise, et les modèles de l'ancien Israël doivent trouver une plus grande expression alors que l'histoire

---

5. Exode 19 : 6.
6. Néhémie 7 : 1 ; 44, 67, 73 ; 10 : 29, 40 ; 11 : 22-23 ; 12 : 28-29, 42, 45-47 ; 13 : 5 ,10.
7. Psaumes 66 : 1 ; 67 : 4-6 ; 86 : 9 ; 117 : 1 ; Esaïe 24 : 14-16 ; 42 : 10 ; Matthieu 24 : 14 ; Actes 1 : 8 ; Romains 15 : 11 ; Apocalypse 5 : 9 ; 7 : 9.

continue à se développer. Malheureusement, la plupart des gens consacrent plus d'efforts à leur mission temporaire de ce côté de l'Eternité qu'à leur vocation éternelle de sacrificateurs. Si vous poursuivez votre appel éternel, vous accomplirez votre mission dans le temps présent, mais si vous vous fixez sur votre mission dans ce temps-ci en négligeant votre appel éternel, vous subirez une perte.

L'une des plus grandes menaces à laquelle l'Eglise fait face est celle de croyants donnant à leur mission actuelle la priorité sur leur occupation éternelle. Cela affecte de nombreuses vocations, y compris le pastorat, la mission, le monde des affaires, l'éducation, et même les parents au foyer. Cette fixation sur la mission temporaire nous amène à orienter nos vies autour de tâches qui peuvent être nobles mais qui ne sont pas destinées à dominer nos vies.

Lorsque nous donnons à notre appel temporaire, aussi important soit-il, la priorité sur notre appel éternel, nous finirons par négliger les choses ultimes comme la gloire de Dieu, la communion avec lui et la transformation de nos vies à son image. Dans ce processus, nous ferons des gens, et même de Dieu, nos « serviteurs » alors que nous poursuivons notre « appel », plutôt que de vivre le premier et le deuxième commandement où nous nous engageons fidèlement dans notre appel temporaire. Lorsque cela se produit, même des ministères vocationnels peuvent ironiquement sacrifier leur communion avec Dieu et blesser profondément d'autres personnes dans la poursuite d'une mission « importante ».

Dans la plupart des cas, nous sommes plus distraits par nos appels temporaires dans ce temps présent que nous ne sommes concentrés sur notre appel éternel.

Pour éviter cette erreur, nous *devons* donner la priorité à notre appel éternel, qui est le sacerdoce. Le modèle de l'ancien Israël nous montre que le sacerdoce implique trois missions principales :

1. Accéder à la gloire (beauté) de Dieu.
2. Parler (enseigner) de la gloire de Dieu.
3. Créer un contexte permettant aux autres de faire l'expérience de la gloire.

Ces trois missions résument notre vocation éternelle, et nous devons vivre à la lumière de cette vocation.

Accéder à la gloire de Dieu

Israël était une nation sacerdotale parce qu'elle avait accès à la gloire de Dieu qui habitait au milieu d'elle. Les sacrificateurs vocationnels d'Israël avaient un accès direct à la gloire de Dieu dans le tabernacle, et cet accès faisait d'eux des sacrificateurs. Ils ont orienté leur vie entière autour du privilège de pouvoir accéder à la présence de Dieu. Ils devaient vivre de manière sacerdotale pour jouir de cet accès. Notre accès à la beauté de Dieu est le fondement de notre disciplat, car il alimente la fascination et l'adoration.

Un sacrificateur se définit par son accès à la présence de Dieu.

Nous sommes sacrificateurs parce que nous avons accès à la gloire et à la beauté de Dieu en Jésus, par le ministère du Saint-Esprit. Comme les sacrificateurs d'Israël, nous devons prendre cet appel au sérieux pour profiter pleinement de l'accès qui nous a été donné, et comme les sacrificateurs, nous devons orienter notre rythme quotidien autour de l'accès à sa présence.

Parler de la gloire de Dieu

Dans l'ancien Israël, les sacrificateurs faisaient partie de la tribu de Lévi, et les Lévites avaient pour tâche d'enseigner les Ecritures au peuple afin que tout Israël apprenne à connaître Dieu. Le ministère sacerdotal était lié à l'enseignement de la connaissance de Dieu au peuple. De la même manière, il nous a été donné d'accéder à la gloire de Dieu en la personne de Jésus, et nous devons parler de lui afin que d'autres puissent apprendre à connaître Dieu. En fait, nous n'arrêterons jamais de découvrir de nouveaux aspects de la beauté de Dieu et nous en parlerons *pour toujours*.

Il existe différents degrés de dons d'enseignement, mais chacun d'entre nous est appelé à parler de la gloire de Dieu. Certains enseigneront en public. La plupart animeront des petits groupes, parleront à leurs amis et feront de leur famille des disciples. Le contexte varie, mais nous sommes tous appelés à parler de Dieu dans le cadre de notre vocation sacerdotale.

Créer un contexte permettant aux autres d'expérimenter la gloire

Les sacrificateurs vocationnels d'Israël étaient responsables du fonctionnement quotidien du tabernacle et du système sacrificiel. Ce travail quotidien permettait au reste de la nation de s'approcher de la présence de Dieu. De la même manière, l'Eglise existe en tant que lieu où les gens peuvent faire l'expérience de la gloire de Dieu, et l'église locale est un « temple » où les gens peuvent venir faire l'expérience de la présence de Dieu parmi son peuple. Nous avons été mandatés pour servir les autres en maintenant des églises locales où nos voisins peuvent venir contempler Dieu. L'ancien Israël n'avait qu'un seul tabernacle, mais nous avons été appelés à construire des églises en tout lieu.

Lorsque l'on considère ces trois aspects du sacerdoce, il devient évident que les humains sont naturellement conçus pour être des sacrificateurs. Nous fonctionnons de manière sacerdotale par nature. Par exemple :

1. Nous avons envie de contempler des choses majestueuses et belles. Nous trouvons un plaisir profond à contempler la beauté et à rechercher la majesté.

2. Chaque fois que nous rencontrons quelque chose de beau, nous le partageons automatiquement avec d'autres personnes. Il n'est pas nécessaire de demander aux gens de parler de ce qu'ils trouvent fascinant. Les gens réagissent immédiatement à la beauté en en parlant aux autres. Cette réponse est instinctive.

3. Lorsque nous découvrons quelque chose que nous trouvons beau, nous invitons immédiatement les gens à en profiter avec nous. Nous créons naturellement un contexte leur permettant de vivre ce que nous avons vécu.

C'est la nature humaine, et nous le constatons tous les jours. Pour prendre un exemple, les amateurs de sport aspirent à voir un de leurs athlètes préférés pratiquer son sport. Ils sont prêts à le regarder pendant des heures. Lorsque l'athlète marque un but, ils réagissent immédiatement en en parlant. S'ils regardent le match avec d'autres personnes, ils leur en parlent. Quelques jours plus tard, ils en parle-ront même à des inconnus. Enfin, ils invitent leurs amis à venir au match avec eux pour contempler la beauté du jeu.

Une personne éprise de sport ne le réalise pas, mais elle exprime sa vocation sacerdotale à être fascinée, à en parler et à créer un contexte pour que d'autres puissent aussi être fascinés. Ce comporte-ment est humain, et il est *sacerdotal*. Il fait partie de notre nature, et c'est ainsi que l'Eglise est conçue pour fonctionner et croître.

13

UN PEUPLE CHANTANT À LA FIN DES TEMPS

COMBIEN D'ENTRE NOUS, comme Paul, diraient que Jésus est venu pour que les nations chantent ?

Paul savait que Dieu se servait de l'ancien temple et du tabernacle de David pour mettre quelque chose en marche dont l'expression deviendrait bien plus grande avant la fin du temps présent. Cette compréhension des desseins de Dieu l'a poussé à investir sa vie et ses forces pour que les non-Juifs commencent à chanter. Les prophètes ont prédit, à plusieurs reprises, que lorsque Jésus reviendrait, il y aurait une abondance de chants dans les nations. Ils ont, non seulement *prédit* ces chants, mais ils nous ont également *demandé* de chanter afin de prendre part dans l'accomplissement de leurs prophéties.

Dieu va amener l'Eglise à la maturité. L'Eglise de la fin des temps sera étonnante et spectaculaire, marchant dans la sainteté et revêtue de bonnes actions. Nous ne pouvons pas anticiper pleinement la gloire de l'Eglise de Dieu lorsque Jésus reviendra. Il est étonnant que la Parole ne mentionne que très peu la prédication de l'Eglise de la fin des temps, bien qu'elle soit puissante, ce qui indique que les descriptions bibliques du chant de l'Eglise de la fin des temps sont très intentionnelles.

Le fait que Dieu ait décrit à plusieurs reprises, le chant de son peuple mais aussi le fait qu'il nous ordonne de chanter, nous en dit long sur la nature de l'Eglise de la fin des temps :

- Les chants de la fin des temps dans la Bible, sont une *réponse* à la beauté : ils sont une réponse passionnée à la beauté, à la majesté et à la gloire de Dieu. Ces chants signifient que l'Eglise de la fin des temps se concentrera sur la contemplation de la beauté de Dieu.
- Le chant de la fin des temps se concentre sur la *personne* de Dieu : l'Eglise de la fin des temps étudiera la personne de Dieu. Son chant montre que son enseignement, son étude et son attention tourneront autour de la connaissance de Dieu.
- Les chants de la fin des temps sont *émotionnels* : l'Eglise de la fin des temps aimera Dieu profondément. Les chants de la fin des temps seront passionnés et expressifs, témoignant d'un intense désir de Dieu et de profondes émotions à son égard.
- Les chants de la fin des temps sont marqués par la *joie* et la *louange* : l'Eglise de la fin des temps attendra avec impatience le retour de Jésus, et chaque indication de l'approche de son retour la poussera à se réjouir. Ces chants seront chantés aux heures les plus difficiles de l'Histoire, montrant qu'elle attendra le retour de Jésus plus que son propre confort. Les troubles de la fin des temps ne la décourageront pas ; ils enflammeront son affection pour Jésus et pour son retour. En outre, elle sera en profond accord avec Dieu, car elle répondra à toutes ses actions, même à ses jugements, par des chants de célébration.
- Les chants de la fin des temps sont *communautaires* : les prophètes n'ont pas décrit un petit nombre de personnes douées, ointes et fidèles. Ils décrivent, à plusieurs reprises, un peuple sans nom et sans visage, de taille considérable,

chantant d'une seule voix. Le Seigneur va amener un
peuple communautaire à maturité.

Paul connaissait très bien ces prédictions. Il a lu les prophètes et a
compris que l'adoration était un objectif missionnaire. Il a donc
travaillé sans relâche parmi les non-Juifs pour que les prophéties se
réalisent. Il savait que les prophéties sont plus que des *prédictions*,
elles sont aussi des *invitations*. Dieu seul peut accomplir la prophétie,
mais il nous dit ce qu'il va faire et ce qu'il veut afin que nous puissions nous associer à lui pour que cela se réalise.

Par exemple, la Bible nous dit que Dieu veut un peuple composé
de toutes les tribus de la terre et il prédit que cela s'accomplira de
manière certaine. En conséquence, l'Eglise s'est attachée à transmettre l'Evangile là où les gens ne l'ont pas encore entendu afin que
ces prophéties puissent s'accomplir. Dieu seul peut les accomplir,
mais nous avons compris que l'Eglise joue un rôle en répondant à ces
prophéties.

La prophétie doit influencer la missiologie.

Nous devons apprendre à lire toutes les prophéties bibliques de
cette manière, et en le faisant, nous découvrirons qu'un grand
nombre d'entre elles contiennent des commandements spécifiques
pour que nous prenions part à leur accomplissement. Il est évident
que nous ne pouvons pas les accomplir par nos propres efforts, mais
nous jouons un rôle important dans le plan de Dieu, et nous devons
le prendre au sérieux.

Des chants joyeux portant sur le Roi qui revient

La Bible recommande à plusieurs reprises à tous les groupes
ethniques, de chanter joyeusement à propos du retour de Jésus,
venant pour juger et pour délivrer :

*Chantez en l'honneur de l'Eternel un cantique nouveau, chantez en l'hon-
neur de l'Eternel, habitants de toute la terre ! Chantez en l'honneur de
l'Eternel, bénissez son nom, annoncez de jour en jour son salut ! Racontez sa*

gloire parmi les nations, ses merveilles parmi tous les peuples ! Oui, l'Eternel est grand et digne de recevoir toute louange ; il est redoutable, plus que tous les dieux. En effet, tous les dieux des peuples ne sont que des faux dieux, alors que l'Eternel a fait le ciel. La splendeur et la magnificence sont devant lui, la force et la gloire remplissent son sanctuaire. Familles des peuples, rendez à l'Eternel, rendez à l'Eternel gloire et honneur ! (Psaumes 96 : 1-7).

Dites parmi les nations : « L'Eternel règne. Aussi, le monde est ferme, il n'est pas ébranlé. L'Eternel juge les peuples avec droiture. » Que la campagne et tout ce qui s'y trouve soient en fête, que tous les arbres des forêts poussent des cris de joie devant l'Eternel, car il vient. Oui, il vient pour juger la terre. Il jugera le monde avec justice, et les peuples suivant sa fidélité (vv. 10, 12-13).

Chantez en l'honneur de l'Eternel un cantique nouveau, car il a fait des merveilles ! Sa main droite et son bras saint lui ont assuré la victoire. L'Eternel a fait connaître son salut, il a révélé sa justice sous les yeux des nations. Il s'est souvenu de sa bonté et de sa fidélité envers la communauté d'Israël. Jusqu'aux extrémités de la terre, on a vu le salut de notre Dieu. Poussez des cris de joie en l'honneur de l'Eternel, habitants de toute la terre ! Faites éclater votre allégresse et chantez ! Chantez en l'honneur de l'Eternel avec la harpe, avec la harpe, au son de tous les instruments ! Au son des trompettes et du cor, poussez des cris de joie en présence du roi, de l'Eternel ! Que la mer retentisse avec tout ce qu'elle contient, le monde et ceux qui l'habitent, que les fleuves battent des mains, qu'avec eux les montagnes poussent des cris de joie devant l'Eternel, car il vient pour juger la terre. Il jugera le monde avec justice, et les peuples avec droiture (Psaumes 98).

Lorsque nous lisons Romains 15, ayant ces passages en tête, nous découvrons que le fardeau de Paul pour le chant, était lié au plan majestueux de Dieu de préparer la terre pour le retour de Jésus.

Paul a reconnu que Jésus reviendra pour une Eglise chantante.

L'ordre d'Esaïe de chanter depuis les extrémités de la terre

Deux chapitres du livre d'Esaïe nous donnent un excellent résumé de la manière dont Paul a compris la mission de l'Eglise, qui est de contempler la gloire de Dieu et de chanter. Le premier est Esaïe 24. Esaïe 24 est un passage qui parle de la fin des temps et qui prédit les immenses défis des derniers moments de l'Histoire du temps présent :

> *La terre est en deuil, elle est épuisée. Le monde, épuisé, dépérit. Les grands des peuples de la terre dépérissent. La terre avait été souillée par ses habitants parce qu'ils enfreignaient les lois, modifiaient les prescriptions, violaient l'alliance éternelle. Voilà pourquoi la malédiction dévaste la terre et ses habitants doivent supporter les conséquences de leurs crimes. Voilà pourquoi les habitants de la terre sont punis et il ne reste qu'un petit nombre d'hommes. Le vin nouveau est en deuil, la vigne dépérit. Tous ceux qui avaient le cœur joyeux gémissent. La joie des tambourins a cessé, le tapage des amusements a pris fin, la musique jubilatoire de la harpe a cessé... La ville du chaos n'est plus que décombres. Toutes les maisons sont fermées, on n'y entre plus (Esaïe 24 : 4-8, 10).*

Au milieu de cette prophétie dramatique, Esaïe prédit soudainement qu'il y aura un peuple qui chantera la majesté du Seigneur :

> *Les survivants se mettent à pousser des cris de joie ; de l'ouest, ils célèbrent la majesté de l'Eternel. Donnez donc gloire à l'Eternel dans les endroits où brille la lumière, au nom de l'Eternel, du Dieu d'Israël, dans les îles de la mer ! Du bout de la terre nous entendons chanter : « Gloire au juste ! » mais moi, je dis : « Je suis perdu ! Je suis perdu ! Malheur à moi ! » Les traîtres trahissent, les traîtres s'acharnent à trahir (v. 14-16).*

Esaïe a prédit la présence d'un peuple chantant au moment même où tous les autres chants auront cessé. Ils chanteront la *majesté* du Seigneur, et ils chanteront dans la *joie*. Ces chants seront des chants de louange, et non des chants de lamentation. Ils monteront des extrémités de la terre, ce qui indique la présence d'une Eglise mondiale mature et vibrante dans les nations à l'heure la plus difficile de l'Histoire humaine. Si l'on considère l'ensemble du contexte du chapitre, on découvre que ces chants seront même utilisés pour rappeler à Israël la gloire de YHWH lorsqu'il semble que tout espoir est perdu. En outre, Esaïe ne se contente pas de prédire ces chants, il nous *ordonne* de les chanter (verset 16).

Esaïe indique que le chant sera le don de Dieu à son peuple pour les temps troublés de la fin des temps et un moyen principal par lequel son Eglise répandra le témoignage de Jésus au milieu même de ces troubles sans précédent. Cela soulève une question : *Ecrivons-nous et chantons-nous ce genre de chants ? Sommes-nous en train de disci-puler les gens de manière à ce qu'ils chantent ce genre de chants ?* Ou nous contentons-nous de chants moindres qui ne peuvent pas réellement supporter la crise de la fin des temps et qui ne déclarent pas non plus avec joie la *majesté* de Dieu ? Nous ne pouvons pas attendre des compositeurs qu'ils déclarent la beauté de Dieu si nous ne les formons pas à le faire.

Si l'Eglise de la fin des temps chantera à cause de la majesté de Dieu, cela soulève plusieurs questions :

- Méditons-nous sur la majesté du Seigneur, ou est-ce que d'autres choses dominent nos pensées les plus profondes ?
- Chantons-nous Dieu par joie ou par obligation ?
- Notre discipulat produira-t-il un peuple capable de chanter pendant l'heure la plus sombre de l'Histoire humaine ?
- Comment discipuler un peuple pour qu'il chante la majesté de Dieu dans la période la plus sombre de toute l'Histoire ?

Ce son émanant de chants n'est pas le son de quelques ministères de louange oints - c'est le cri de l'Eglise mature.

La prédiction d'Esaïe au chapitre 24 n'était pas unique. Il nous a commandé de faire la même chose dans Esaïe 42. Esaïe 42 est une prophétie centrée sur la personne de Jésus, qui est désigné comme le « Serviteur » du Seigneur. Elle peut être résumée en trois parties :

- Partie 1 : le Serviteur lors de sa première venue (Esaïe 42 : 1-9).
- Partie 2 : la réponse de l'Eglise au Serviteur (Esaïe 42 : 10-12).
- Partie 3 : le Serviteur lors de sa seconde venue (Esaïe 42 : 13-25).

La deuxième partie de la prophétie doit influencer notre discipulat car elle nous indique comment répondre à la première venue de Jésus et comment nous préparer à sa seconde venue. Cette partie de la prophétie est remarquablement similaire à Esaïe 24 :

Chantez un cantique nouveau en l'honneur de l'Eternel, chantez ses louanges depuis les extrémités de la terre, vous qui naviguez sur la mer et vous qui la remplissez, îles et habitants des îles ! Que le désert et ses villes fassent entendre leur voix, ainsi que les villages occupés par Kédar ! Que les habitants de Séla expriment leur allégresse ! Que du sommet des montagnes retentissent des cris de joie ! Qu'on donne gloire à l'Eternel et que dans les îles on proclame ses louanges ! (Esaïe 42 : 10-12).

Une fois encore, Esaïe *ordonne* au peuple de Dieu de chanter depuis les extrémités de la terre et en tout lieu. Dans les versets suivants, Esaïe établit un lien direct entre ces chants et le retour de Jésus :

L'Eternel sort, pareil à un héros, son zèle passionné le fait surgir comme un homme de guerre. Il pousse des cris, des cris de guerre, il montre sa force contre ses ennemis. J'ai longtemps gardé le silence, je me suis tu, je me suis retenu de parler, mais désormais, je vais crier comme une femme en train d'accoucher, je serai haletant et je soufflerai tout à la fois (v. 13-14).

Il y a un lien poétique dans ces versets, car le Seigneur « excite son zèle », « crie » et « pousse des cris forts » *après que* son peuple *ait* chanté depuis les extrémités de la terre. Le message sous-jacent est que le Seigneur restera « tranquille » tant que son peuple restera tranquille. Cependant, lorsqu'un chant éclatera des extrémités de la terre, il sera lié au retour du Seigneur dans la gloire.

Cela ne signifie pas que nous devrions essayer d'identifier une certaine quantité de chants nécessaires pour provoquer le retour de Jésus ou que nous sommes ceux qui peuvent déterminer quand Jésus revient, mais le message est clair : *si vous voulez que Jésus revienne, chantez sa beauté dans tous les endroits de la terre.* Afin d'obéir aux prophéties d'Esaïe, nous devons former un peuple à contempler la beauté de Jésus jusqu'à ce que ce genre de chants émergent des confins de la terre.

Esaïe n'a pas seulement prédit le chant, il l'a *ordonné*. Donc, si nous voulons obéir aux Ecritures, nous devons étudier soigneusement des passages comme ceux-ci et leur permettre de façonner notre missiologie et notre discipulat. Nous avons pris l'habitude d'étudier soigneusement certains passages de cette manière, comme Matthieu 24 : 14, Actes 1 : 6-8, Apocalypse 5 : 9, Apocalypse 7 : 9, le Grand Mandat, et les lettres de Paul, mais cette approche est incomplète.

Le Grand Mandat nous ordonne d'obéir à *tout ce que* Jésus a ordonné, et puisqu'il est Dieu, cela inclut tous ses commandements dans les Ecritures :

> *Allez [donc], faites de toutes les nations des disciples, baptisez-les au nom du Père, du Fils et du Saint-Esprit et enseignez-leur à mettre en pratique tout ce que je vous ai prescrit. Et moi, je suis avec vous tous les jours, jusqu'à la fin du monde (Matthieu 28 : 19-20).*

L'Eglise chantante de la fin des temps était si importante pour Dieu qu'il a permis à Esaïe d'entendre ses chants au moins 2 500 ans avant qu'ils ne soient chantés. Paul était rempli par le zèle de voir les prophéties d'Esaïe se réaliser, il a donc investi son énergie pour poser les bases d'un peuple chantant parmi les non-Juifs.

Cela fait 2 000 ans que Paul a dévoué sa vie à l'accomplissement d'Esaïe 24. *Vivons-nous avec le même zèle ?*

Chantres de la fin des temps

L'homme le plus méchant de toute l'Histoire ne sera pas capable de briser les chants de l'Eglise. Même si beaucoup souffriront et endureront le martyre, ils libéreront des chants sur la grandeur de Dieu. La terreur de cette bête n'obscurcira pas leur révélation de la beauté de Dieu :

> *Puis je vis dans le ciel un autre signe, grand et extraordinaire : sept anges qui tenaient sept fléaux, les derniers, car la colère de Dieu s'accomplit par eux. Je vis aussi comme une mer de verre mêlée de feu. Ceux qui avaient vaincu la bête, son image et le nombre de son nom étaient debout sur cette mer, tenant des harpes de Dieu. Ils chantaient le cantique de Moïse, le serviteur de Dieu, et le cantique de l'Agneau en disant : « Tes œuvres sont grandes et extraordinaires, Seigneur Dieu tout-puissant ! Tes voies sont justes et véritables, roi des nations ! Qui pourrait ne pas craindre, Seigneur, et rendre gloire à ton nom ? Oui, toi seul, tu es saint, et toutes les nations viendront t'adorer, parce que tes actes de justice ont été révélés (Apocalypse 15 : 1-4).*

Votre modèle de discipulat produit-il ce genre de croyants ? Remarquez la source de leur victoire : « *Tes œuvres sont grandes et extraordinaires, Seigneur Dieu tout-puissant ! Tes voies sont justes et véritables, roi des nations ! Qui pourrait ne pas craindre, Seigneur, et rendre gloire à ton nom ? Oui, toi seul, tu es saint.* » Leur chant est une réponse à la majesté qu'ils ont contemplée.

Le meilleur outil pour vaincre est la capacité de contempler Dieu. Les chants de l'Eglise de la fin des temps sont tous une réponse à la beauté du Seigneur, montrant que la contemplation est essentielle à la maturité de l'Eglise. La clé pour vaincre le péché, la souffrance et la peur, est la vision d'un Dieu grand et majestueux, révélé plus profondément dans la personne de Jésus.

Nous vivons les jours que les prophètes désiraient voir

Nous ne devons pas négliger la nature extraordinaire des jours que nous vivons. Il y a des milliers d'années, les prophètes ont ordonné que des chants s'élèvent, et nous vivons maintenant dans la première génération de l'Histoire où ces chants commencent à émerger.

Nous vivons un moment unique. Pour la première fois dans l'Histoire :

- L'Evangile pourrait potentiellement atteindre tous les peuples en une génération si l'Eglise s'engageait pleinement dans cette tâche. Il y a quelques décennies, nous ne savions même pas où vivaient tous ces peuples.
- La ville de Jérusalem et l'avenir du peuple d'Israël font l'objet d'une controverse mondiale. La ville de Jérusalem n'a jamais été un centre d'intérêt mondial. Même à l'époque de la Bible, Israël n'influençait qu'une petite région.

Rien de tout cela n'était vrai lorsque les Psaumes ont été composés ou lorsque Esaïe a prophétisé. Imaginez ce que les auteurs bibliques nous diraient aujourd'hui. Oh, comme ils nous supplieraient de prendre leurs prophéties au sérieux et de terminer la tâche que Paul a commencée - de rejoindre la mission d'Israël de contempler la beauté de Dieu et de libérer une réponse musicale à sa beauté.

Paul et bien d'autres ont posé les bases pour que les prédictions de la Bible concernant un peuple chantant dans les nations se réalisent, et c'est à nous maintenant de prendre le relais.

14

FINIR LA TÂCHE

Le mouvement missionnaire a été lancé à partir de la douleur de David, et il doit se terminer de cette façon.

Le temps présent se terminera par une multitude de petites communautés ecclésiales, comme l'église d'Antioche, qui adorent *et* qui jeûnent. Elles seront saisies par la beauté de Dieu, et cela produira une douleur - un désir profond - pour que Dieu soit à nouveau sur la terre, habitant parmi son peuple comme il l'a promis. La mission existe pour produire l'adoration, mais dans ce temps présent, la mission existe aussi pour produire la douleur de David. Elle existe pour produire un peuple parmi tous les peuples qui, selon les mots de Jésus, jeûnera et mènera le deuil jusqu'à son retour.[1]

Nous pouvons maintenant résumer quelques points fondamentaux qui apporteront une précision au mouvement missionnaire et à l'implantation d'églises :

- Le discipulat commence par la contemplation de Dieu, et plus précisément par la contemplation de Dieu en la personne de Jésus.

1. Matthieu 9 : 15.

- Lorsque nous contemplons Dieu, nous sommes transformés à son image. Par conséquent, le ministère doit amener les gens à contempler et ensuite à ce qu'ils s'engagent intentionnellement à servir le processus de transformation. Le veau d'or du mont Sinaï nous avertit du désastre si nous contemplons, mais n'embrassons pas l'œuvre de transformation.
- Le discipulat est la tâche centrale de la mission, et la contemplation est à la base du discipulat ; par conséquent, la mission devrait produire des communautés qui contemplent la beauté de Jésus.
- Grâce au déversement du Saint-Esprit, le temple s'est répandu. Les églises du Nouveau Testament sont des « temples » qui expriment les valeurs du tabernacle de David.[2]

Le livre des Actes des Apôtres est souvent considéré comme « l'âge d'or » de l'Eglise, mais la Bible indique que le retour de Jésus est l'heure de gloire de l'Eglise :

- A la fin du temps présent, l'Eglise sera vivante et forte – une « grande multitude que nul ne peut dénombrer », composée de tous les groupes ethniques.[3]
- L'Eglise de la fin des temps vaincra l'homme le plus méchant de toute l'Histoire de l'humanité pendant la période la plus difficile de celle-ci.[4]
- Le livre des Actes des Apôtres décrit la naissance de l'Eglise, mais le livre de l'Apocalypse décrit le moment où l'Eglise sera une « Epouse » mature et belle qui est maintenant prête à être unie à Jésus.[5]

---

2. Cela nous parle du système de valeurs qui sous-tendait le tabernacle de David plutôt qu'un modèle spécifique de rencontres ou d'activités.
3. Apocalypse 5 : 9 ; 7 : 9.
4. Romains 8 : 38-39 ; 16 : 20 ; Apocalypse 12 : 11.
5. 2 Corinthiens 11 : 2 ; Ephésiens 5 : 27 ; Colossiens 1 : 28 ; Apocalypse 19 : 7.

La Bible prédit que ce temps présent se développera jusqu'à son apogée qui est, elle, encore future. Cela doit façonner notre façon de voir la mission et l'avenir de l'Eglise. Le mouvement missionnaire apostolique décrit dans le livre des Actes des Apôtres n'était qu'un début. Le mouvement missionnaire le plus spectaculaire de toute l'Histoire se produira à la fin de notre temps présent, lorsque Dieu achèvera ce qu'il a commencé, amenant l'Eglise à maturité et libérant une gloire sans précédent. [6]

Ce que nous voyons dans la vie de Paul, Barnabas, Silas, Apollos, Timothée, Luc, Priscille, Aquilas, et d'autres encore, aura une expression encore plus grande à la fin des temps. Le livre des Actes des Apôtres présente l'Eglise primitive comme un prototype d'église qui avance et qui vainc au milieu d'un environnement hostile, nous donnant une image de l'Eglise de la fin des temps qui vaincra au moment le plus difficile de l'Histoire humaine.

Discipuler les missionnaires

Les missionnaires ne se contentent pas de transmettre un message, ils sont le message.

Les missionnaires sont envoyés pour que les gens puissent faire l'expérience d'une démonstration « en chair et en os » de la personne de Jésus. [7] Il ne suffit pas d'enseigner aux missionnaires le « message » de l'Evangile ; ils doivent être formés pour devenir des démonstrations vivantes du Christ. Les messagers doivent devenir le message. Notre formation tend à se concentrer sur l'enseignement du contenu du message, ce qui est bien, mais nous devons aussi former les messagers à devenir le message. Cette formation a lieu principalement dans le contexte d'églises, c'est pourquoi le Nouveau Testament est tellement ecclésio-centrique. Par conséquent, lorsque Paul voulait former de jeunes leaders, il les envoyait dans les églises.

Tous les croyants, en particulier les missionnaires, sont appelés à

---

6. 1 Jean 3 : 2 ; Apocalypse 12 : 10-11.
7. Actes 1 : 8 ; 5 : 32 ; 1 Corinthiens 2 : 3-5 ; Colossiens 1 : 24.

devenir des démonstrations imparfaites mais authentiques de la personne de Jésus.

Il existe un désir croissant de « terminer la tâche » de la mission dans notre génération. Cette tâche reste importante, car près de deux milliards de personnes doivent encore entendre l'Evangile. Lorsque de nombreuses personnes pensent à la mission, elles supposent que la tâche peut être accomplie par l'évangélisation de masse. Cela a conduit à définir toutes sortes d'activités comme faisant partie de la « mission », mais elles n'en font, en fait, pas réellement partie. Cela a également conduit à appeler « missionnaires » des personnes qui ne le sont pas, bien qu'elles exercent avec talent leur ministère.

L'évangélisation de masse peut être une méthode utile pour communiquer des informations, mais ce n'est pas la mission. La mission exige le discipulat, et par conséquent, les missionnaires doivent être plus que des communicateurs qui peuvent relayer des informations sur l'Evangile. (En fait, Paul a spécifiquement choisi de ne pas fonctionner comme un communicateur doué à Corinthe.)[8] Les missionnaires doivent être des personnes qui sont devenues des démonstrations « en chair et en os » de Jésus en le contemplant et qui savent comment amener les autres à contempler Jésus et à prendre son image.

Les missionnaires ont besoin d'une théologie claire et de compétences interculturelles, mais ils ont surtout besoin d'être façonnés à l'image de Jésus, et cela commence en le contemplant. Nous ne devrions pas envoyer de missionnaires qui ne sont pas profondément engagés à contempler Jésus et qui ne sont pas devenus des étudiants de la personne de Jésus.

Si nous envoyons des missionnaires qui ne contemplent pas Jésus, ils finiront par créer des convertis qui connaissent des informations et adoptent des comportements mais qui ne sont pas d'authentiques démonstrations d'un Jésus vivant. Tragiquement, ce genre d'église est implanté lorsque des missionnaires sont envoyés sans avoir été eux-mêmes correctement discipulés par la contemplation.

---

8. 1 Corinthiens 2 : 3-5.

Voulez-vous être un missionnaire ? Vous sentez-vous appelés à devenir un serviteur de Dieu ? Si oui, vous devez répondre à une question : *Etes-vous captivés par la beauté du Seigneur ?* Si ce n'est pas le cas, demandez au Saint-Esprit de vous montrer les changements que vous devez opérer dans votre vie pour contempler la beauté de Jésus. Il peut s'agir d'un péché que vous devez abandonner. Il peut s'agir d'habitudes qui ne sont pas des péchés mais qui doivent être abandonnées. Il se peut que votre vie soit trop remplie et que vous deviez mettre de côté certaines choses pour faire de la place pour contempler Jésus.

Pour la plupart d'entre nous, notre plus gros problème est que nous continuons à ajouter des choses à notre vie, sans jamais considérer que, lorsque nous voulons poursuivre une relation de valeur, cela exige que nous enlevions certaines choses. Lorsqu'un couple veut se marier, il ne se contente pas d'ajouter un conjoint à leur vie respective. Ils doivent couper certaines relations, et d'autres relations doivent changer radicalement. Il est possible que vous soyez frustrés dans votre relation avec Dieu parce que vous êtes allé aussi loin que vous le pouviez jusqu'à ce que vous enleviez certaines choses.

Tout ministère, *en particulier celui de la mission,* doit conduire à la contemplation de Jésus, ce qui signifie qu'il doit découler de sa contemplation.

L'envoi de messagers qui contemplent

Après avoir résumé la pratique du discipulat par la contemplation dans 2 Corinthiens 3, Paul décrit son témoignage apostolique dans le chapitre 4 :

Ainsi donc, puisque par la bonté de Dieu nous avons ce ministère, nous ne perdons pas courage (2 Co. 4 : 1).

Nous ne nous prêchons pas nous-mêmes ; c'est Jésus-Christ, le Seigneur que nous prêchons, et nous nous disons vos serviteurs à cause de Jésus. Car Dieu, qui a dit : La lumière brillera du sein des ténèbres ! a fait briller la lumière dans nos cœurs pour faire resplendir la connaissance de la gloire de Dieu sur la face de Christ. Nous portons ce trésor dans des vases de terre, afin que cette grande puissance soit attribuée à Dieu, et non pas à nous (2 Co. 4 : 5-7 – NEG).

A bien des égards, 2 Corinthiens 3 : 18-4 : 7 résume l'envoi de Paul depuis Antioche en Actes 13. Paul et Barnabas avaient l'habitude de contempler Jésus communautairement, et Dieu les a envoyés. Le « ministère » de Paul consistait à former des communautés qui étaient transformées lorsqu'elles contemplaient ensemble la beauté de Jésus.

La « lumière de la connaissance de la gloire de Dieu sur le visage de Jésus-Christ » a été révélée au cœur de Paul lorsqu'il contemplait le Christ. Paul a dit qu'elle brillait dans *leurs* cœurs parce qu'ils avaient contemplé la gloire de Jésus communautairement. Lorsque Dieu a dit pour la première fois : « Que la lumière brille dans les ténèbres », ce n'était pas un événement caché. Lorsque Dieu a parlé, la lumière a soudainement rempli la création. Il en va de même lorsque le Corps se rassemble pour contempler. Dieu libère sa lumière publiquement et communautairement dans le cœur de son peuple. Paul a contemplé la gloire de Jésus, et il a été envoyé comme *témoin* des choses qu'il avait *vues* (contemplées).[9] Le mot *témoin* (μάρτυς) était un terme juridique qui signifiait généralement un témoin fiable et oculaire d'un événement. Il est également la source du terme français *martyr*, qui désigne être témoin jusqu'à la mort.

Les messagers bibliques doivent être des témoins de ce qu'ils ont vu.

Un témoin est, par définition, celui qui témoigne de ce qu'il a vu. Paul a été envoyé d'Antioche pour être témoin de ce qu'il avait vu. Ceux qui ont exercé le ministère avec Paul étaient aussi des témoins de ce qu'ils avaient vu. Pour la plupart des gens, cette « vision » vient de l'Esprit. Il n'est pas nécessaire de faire une rencontre comme celle de Paul, mais nous devons envoyer des personnes qui sont des témoins, qui ont vu la gloire de Dieu sur le visage de Jésus. (Dans le chapitre suivant, nous examinerons les moyens bibliques pour

---

9. Actes 22 : 15 ; 23 : 11 ; 26 : 16.

contempler la gloire de Jésus - les mêmes pratiques que celles auxquelles Paul et Barnabas se sont livrés). C'est le modèle apostolique qui nous a été transmis, et nous ne devons pas nous attendre à voir des « résultats apostoliques » si nous ne suivons pas le modèle apostolique.

La méthode néotestamentaire d'implantation d'églises commence par l'envoi de messagers qui ont contemplé. Nous ne devons pas envoyer des messagers qui ne connaissent que des informations ; nous devons envoyer ceux qui ont *vu* quelque chose et qui ont été transformés à l'image de ce qu'ils ont vu. Les messagers sont censés être la preuve vivante du message qu'ils portent. Par conséquent, la nature du messager envoyé est bien plus importante que son éloquence.

La démonstration vivante de Jésus dans une personne, produite par la contemplation, incitera d'autres personnes à également contempler Jésus. Elles formeront une communauté qui contemple, elle deviendra ensuite un témoin vivant de Jésus dans un lieu donné. Par la suite, elle enverra des messagers, et le processus se poursuivra.

Sur la terre comme au ciel

Dieu s'est fait homme pour que nous puissions le connaître, mais c'est un homme différent de tous les autres hommes. Lorsque nous le voyons, il nous confronte et nous pouvons réagir de deux manières : soit nous lui résistons, soit nous sommes transformés à son image. La Bible nous confronte, toutefois cela ne signifie pas qu'elle est dure, critique ou désagréable, mais elle nous oblige à regarder la personne de Jésus et à découvrir que nous ne sommes pas comme lui. Lorsque nous reconnaissons le grand fossé qui existe entre lui et nous, c'est une invitation à la transformation. Pour l'incroyant, c'est une invitation à découvrir Jésus. Pour le croyant, c'est une invitation à devenir plus profondément un disciple.

L'Eglise est censée être la démonstration actuelle d'une réalité future.

L'Eglise est un témoignage incomplet mais substantiel et authentique de ce que sera la terre lorsque le ciel viendra sur terre.[10] L'Eglise est à la fois un témoin de ce qui vient et un environnement pour transformer les gens afin qu'ils fassent partie de ce qui vient. Elle nous permet de contempler *et* elle témoigne que Dieu va revenir habiter parmi son peuple dans un sanctuaire d'adoration, préfiguré par le tabernacle de David.

Jésus nous a appris à prier pour que la terre devienne comme le ciel :

> *Priez donc ainsi: Notre Père, qui es aux cieux, que ton nom soit sanctifié, que ton règne vienne, que ta volonté soit faite, sur la terre comme au ciel (Matthieu 6 : 9-10).*

Apocalypse 21-22 décrit l'objectif ultime de Dieu pour cet âge :

> *J'entendis une voix forte venant du ciel qui disait : « Voici le tabernacle de Dieu parmi les hommes ! Il habitera avec eux, ils seront son peuple et Dieu lui-même sera avec eux, [il sera leur Dieu] (Apocalypse 21 : 3).*

> *Le vainqueur recevra cet héritage, je serai son Dieu et il sera mon fils. (Apocalypse 21 : 7).*

> *Je ne vis pas de temple dans la ville, car le Seigneur, le Dieu tout-puissant, est son temple, ainsi que l'Agneau. La ville n'a besoin ni du soleil ni de la lune pour l'éclairer, car la gloire de Dieu l'éclaire et l'Agneau est son flambeau. Les nations marcheront à sa lumière et les rois de la terre y apporteront leur gloire (Apocalypse 21 : 22-24).*

> *Il n'y aura plus de malédiction. Le trône de Dieu et de l'Agneau sera dans la ville ; ses serviteurs lui rendront un culte. Ils verront son visage et son nom sera sur leur front. Il n'y aura plus de nuit et ils n'auront besoin ni de la*

---

10. Psaumes 10 : 16 ; 29 : 10 ; 74 : 12 ; 45 ; 47 : 2, 7 ; 93 ; 96 ; 97-99 ; 103 ; Esaïe 2 : 2-4 ; 49 : 7 ; Jérémie 10 : 10 ; Ezéchiel 20 : 33 ; Daniel 2 : 44 ; Michée 4 : 1-3 ; Zacharie 8 : 3, 20-23 ; 14 : 9, 17 ; Apocalypse 11 : 15 ; 21-22.

lumière d'une lampe ni de celle du soleil, parce que le Seigneur Dieu les
éclairera. Et ils régneront aux siècles des siècles (22 : 3-5).

Le temps présent se terminera lorsque Dieu habitera parmi son peuple. Ils le verront et seront comme lui. C'est la ligne d'arrivée de la mission mondiale. C'est l'objectif auquel Dieu travaille. C'est le but biblique auquel nous devrions préparer les gens. Nos églises devraient être des lieux où les gens peuvent goûter à cette réalité future *et* être des communautés qui préparent les gens à cela.

Le ciel viendra sur la terre, et l'Eglise est une préfiguration de ce qui va arriver. Par conséquent, l'Eglise doit refléter ce que nous voyons au ciel, et les petits aperçus du ciel dans la Bible révèlent des créatures et des saints qui contemplent la beauté de Dieu et qui réagissent à ce qu'ils voient. [11]

C'est le modèle, et la mission doit être conçue en fonction de ce modèle.

---

11. Esaïe 6 : 1-7 ; Apocalypse 4 ; 5.

PARTIE III

COMMENT CONTEMPLER ?

15

UNE VIE DE CONTEMPLATION

Nous avons vu la primauté de la contemplation dans l'Histoire de la rédemption et dans la vie du peuple de Dieu. Nous devons maintenant examiner *comment* le peuple de Dieu peut contempler la beauté de Dieu dans le rythme de sa vie quotidienne. La Bible relate des moments extraordinaires où le peuple a contemplé la gloire de Dieu, mais Dieu veut que nous le contemplions dans nos vies au quotidien. Lorsque Dieu est devenu un homme, il a intentionnellement choisi de passer la plupart de son temps dans un petit village, menant une vie très ordinaire.[1]

Dieu est très présent dans notre vie de tous les jours, et il aime nous rencontrer dans nos rythmes quotidiens.

Dieu nous a donné de nombreux « moyens de grâce » qui nous permettent de découvrir et de contempler sa beauté, mais nous pouvons facilement négliger la puissance de ces pratiques parce qu'elles peuvent nous sembler trop « ordinaires ». Dieu se révèle parfois de manière extraordinaire, comme il l'a fait pour l'apôtre Paul, et à quelques occasions de l'Histoire de la rédemption, Dieu se

---

1.   La réponse à Jésus dans sa ville natale indique que son mode de vie semblait très ordinaire (Matthieu 13 : 55-56 ; Marc 6 : 3 ; Luc 4 : 22 ; Jean 6 : 42).

manifeste de manière spectaculaire.[2] Cependant, ce n'est pas ainsi que la plupart des gens contemplent Dieu.

Parce que nous sommes attirés par ce qui est extraordinaire, le chemin pour contempler la beauté de Dieu nous semble caché alors qu'il est là, à la vue de tous. Les raisons pour lesquelles nous pouvons facilement négliger les disciplines qui nous conduisent à contempler Dieu sont nombreuses :

- Elles prennent du temps - Lorsque nous pensons à la rencontre avec Dieu, nous pensons généralement à un moment unique et bouleversant, comme celui qu'a vécu Paul lorsqu'il a vu Jésus dans Actes 9. Mais cela ne lui est arrivé qu'une fois. La rencontre avec Dieu n'est pas toujours immédiate. Nous voyons souvent que de petits aperçus de qui il est, qui se développeront avec le temps.
- Ils semblent trop simples - Nous supposons souvent que la connaissance de Dieu est mystérieuse et très complexe, et nous nous attendons donc à ce que le chemin vers la connaissance de Dieu soit également mystérieux et complexe. En conséquence, les outils que Dieu nous a donnés peuvent sembler trop faciles.
- Ils semblent trop ordinaires - Lorsque nous pensons à Dieu, nous pensons naturellement au spectaculaire, et nous négligeons souvent les choses qui semblent ordinaires. Nous oublions facilement que lorsque Dieu est devenu un homme, il a passé, avec joie, 90 pourcents de sa vie dans un petit village perdu à travailler quotidiennement. Nous dévalorisons l'ordinaire alors qu'en fait, Dieu utilise l'ordinaire et le banal comme le principal contexte pour notre formation.
- Ils exigent une action intentionnelle - Votre vie en Dieu exige une action intentionnelle. De nombreux chrétiens

---

2. On en trouve trois exemples principaux : l'Exode, la première venue de Jésus, et le retour de Jésus.

prient et s'attendent ensuite à ce que Dieu agisse, mais cela ne fonctionne généralement pas de cette manière. Vous ne pouvez pas être passif dans votre relation avec Dieu et vous attendre à ce qu'une relation profonde en résulte.

- Elles exigent une priorisation - Nous devons donner la priorité aux disciplines que l'Ecriture nous propose si nous voulons connaître Dieu. De nombreuses personnes essaient d'ajouter Dieu à leur vie déjà bien remplie, mais nous avons une capacité limitée. Si vous voulez contempler Dieu plus que vous ne le faites maintenant, vous devrez probablement faire des changements et abandonner certaines choses. Lorsque nous voulons développer une relation profonde avec une autre personne, nous sommes obligés de renoncer à d'autres relations et d'autres activités pour pouvoir donner la priorité à la personne avec laquelle nous voulons approfondir la relation. Il en va de même pour Dieu. Nos sociétés prospères nous mentent et nous disent que nous pouvons « tout avoir », mais ce n'est tout simplement pas vrai. Vous devez décider de ce que vous voulez, et ensuite accepter de laisser le reste de côté.

- Pour contempler Dieu, il faut un engagement communautaire. Le disciplulat et la croissance dans la connaissance de Dieu ne sont pas des activités purement individuelles. Dieu a fait de nous une partie d'un peuple communautaire, et il y a des aspects de la personnalité de Dieu que nous ne rencontrons que lorsque nous participons à son corps communautaire. Notre quête de Dieu doit être individuelle *et* communautaire. Nous avons besoin d'une vie commune avec un corps communautaire.

La liste des disciplines présentées dans les chapitres suivants n'est pas une liste exhaustive, c'est une liste de disciplines qui sont mises en évidence dans les Ecritures et qui devraient faire partie du rythme personnel et communautaire de chaque croyant. Il existe certainement d'autres habitudes et disciplines qui peuvent également vous amener à contempler Dieu. Une fois que vous aurez découvert le désir de Dieu de se révéler et la manière dont il le fait dans le rythme de votre vie quotidienne, vous commencerez à contempler Dieu d'innombrables façons.

Beaucoup de gens se plaignent que Dieu est difficile à trouver, mais ils n'ont pas poursuivi un rythme de vie sur le long terme qui leur permette de le contempler de la manière dont il se fait connaître.

La plupart des gens pensent que pour contempler Dieu, il faut des rencontres spectaculaires avec Dieu, comme celles d'Israël au mont Sinaï, de Paul sur le chemin de Damas ou de Jean sur l'île de Patmos.[3] Ces expériences ont été extraordinaires et ont changé leur vie, mais ce genre de rencontres est très rare.

Dieu peut vous donner une rencontre spectaculaire avec sa présence. Il est très probable que vous aurez quelques moments dans votre vie où vous rencontrerez la présence de Dieu d'une telle manière qu'elle changera votre vie de façon significative. Ces rencontres sont importantes, mais Dieu ne veut pas que vous viviez de rencontre en rencontre. Dieu veut que vous le découvriez dans le rythme ordinaire de votre vie. Il veut que vous découvriez la communion avec son Esprit d'une manière qui vous semblera probablement plus ordinaire que vous ne l'imaginez.

La plupart des saints de la Bible ayant eu des rencontres extrêmement spectaculaires avec Dieu en ont eu, sur une longue période, que très peu. Par exemple, Daniel a mentionné quelques rencontres saisissantes, mais il n'a eu que quelques rencontres spectaculaires au cours de sa très longue vie. Ceci est important car nous devons avoir des attentes raisonnables. Dieu *va* se révéler à vous. Ce sera réel, tangible et transformateur, mais il se peut que cela ne se passe pas comme vous l'attendez. La plupart des gens, dans la Bible, n'ont pas eu ce genre de rencontres.

Ces rencontres spectaculaires sont généralement liées à des

---

3. Actes 9 : 3-8 ; Apocalypse 1 : 10-20.

appels coûteux. Dieu accorde ce genre de rencontres pour donner à ces personnes le courage d'accepter la mission. Par conséquent, ces rencontres ne sont pas nécessairement des indications de son affection. Paul a fait quelques rencontres spectaculaires à cause de l'intensité de sa mission, et il en avait besoin pour rester fidèle à son appel.

De plus, elles sont souvent liées à la fidélité sur de longues périodes monotones. Beaucoup de gens sont passifs dans leur vie spirituelle, attendant une grande rencontre, alors qu'une vie constante en Dieu les positionnera pour rencontrer Dieu bien davantage. La majeure partie des gens espèrent une transformation instantanée, mais ce n'est pas ainsi que Dieu fonctionne. Dieu vient à nous de façon spectaculaire en quelques instants, mais il travaille aussi en nous sur de longues périodes monotones durant lesquelles nous restons fidèles. La croissance, dans la vie spirituelle, est une combinaison de croissance graduelle au fil du temps et de l'activité spectaculaire de Dieu à un moment donné. Nous devons apprécier les deux, et nous devons répondre aux deux.

Notre soif du spectaculaire peut facilement nous empêcher de rencontrer Dieu là où il veut nous rencontrer.

Nous ne devons pas rejeter ou dévaloriser ce que Dieu peut faire lors d'une rencontre unique et spectaculaire, mais la contemplation de Dieu ne se limite pas à ce genre de moments. En fait, si l'on considère l'ensemble des Ecritures, la contemplation de Dieu est davantage liée à nos rythmes quotidiens qu'à des moments spectaculaires. Vous ne pouvez pas provoquer des moments extraordinaires, mais vous pouvez répondre à Dieu avec fidélité en vous engageant dans les disciplines qu'il nous a données. Je vous garantis que, si vous le faites de manière constante, au fil du temps, vous contemplerez Dieu bien plus que vous ne le feriez autrement.

Voyons maintenant le chemin que Dieu a tracé pour nous permettre de le contempler.

16

NOUS CONTEMPLONS DIEU EN LA PERSONNE DE JÉSUS

LE DISCIPULAT COMMENCE par la contemplation, et c'est en la personne de Jésus que Dieu se révèle vraiment pleinement à nous :

Pour les incrédules dont le dieu de ce monde a aveuglé l'intelligence afin qu'ils ne voient pas briller l'éclat que projette l'Evangile de la gloire de Christ, qui est l'image de Dieu (2 Corinthiens 4 : 4).

Le Fils est l'image du Dieu invisible, le premier-né de toute la création (Colossiens 1 : 15).

Après avoir autrefois, à de nombreuses reprises et de bien des manières, parlé à nos ancêtres par les prophètes, Dieu, dans ces jours qui sont les derniers, nous a parlé par le Fils. Il l'a établi héritier de toutes choses et c'est par lui aussi qu'il a créé l'univers. Le Fils est le reflet de sa gloire et l'expression de sa personne, il soutient tout par sa parole puissante. Après avoir accompli [au travers de lui-même] la purification de nos péchés, il s'est assis à la droite de la majesté divine dans les lieux très hauts (Hébreux 1 : 1-3).

Si nous voulons contempler Dieu, nous devons devenir des étudiants de la beauté de Jésus.

Paul n'a pas seulement enseigné aux Corinthiens comment contempler le Seigneur, il leur a également rappelé une décision qu'il a prise et qui a défini sa vie :

Car j'avais décidé de ne connaître parmi vous rien d'autre que Jésus-Christ, et Jésus-Christ crucifié (I Corinthiens 2 : 2).

Si nous voulons suivre l'exemple de Paul (et nous le devons), il est nécessaire de prendre une décision similaire.

L'approche de la vie de Paul n'était pas passive. Il a *décidé* de ne rien connaître d'autre que Jésus et Jésus crucifié. Dieu s'est révélé le plus pleinement en la personne de Jésus, dans l'acte de la crucifixion. Il est essentiel, lorsque nous considérons la crucifixion, de la voir avant tout comme une révélation de Dieu et pas seulement comme un acte d'expiation. Jésus était nu, lors de la crucifixion, parce que c'était la première fois que Dieu s'exposait complètement afin que nous puissions voir ce qu'il est vraiment au cœur même de son être. Lorsque vous contemplez la croix, vous voyez Dieu tel qu'il est vraiment *à tout moment* - vous voyez ce qui était caché dans les temps passés. Avant la croix, certains aspects de la nature de Dieu étaient cachés par sa gloire. Sur la croix, il s'est pleinement exposé pour la première fois dans l'Eternité.

Paul a intentionnellement fixé son attention sur ce seul sujet, et c'est cela qui a produit la vie qu'il a menée.

Paul a découvert qui était Dieu et comment il devait vivre en fixant son attention sur la personne de Jésus. Si vous vous sentez éloignés de Dieu, la première question à vous poser est la suivante : Avez-vous fait de la personne de Jésus votre principal centre d'intérêt dans votre quête de Dieu ?

Paul n'était certainement pas parfait, mais sa vie nous a été donnée comme modèle pour notre propre vie en Dieu,[1] et son centre d'intérêt soulève un certain nombre de questions :

---

1. 1 Corinthiens 4 : 15-16 ; 11 : 1 ; Ephésiens 5 : 1 ; Philippiens 3 : 17 ; 1 Thessaloniciens 1 : 6 ; 2 Thessaloniciens 3 : 9 ; Hébreux 6 : 12.

- Nos programmes de discipulat sont-ils axés sur la personne de Jésus ?
- Concevons-nous intentionnellement tout notre ministère et tout notre discipulat afin de produire un peuple qui est déterminé à *ne rien* connaître d'autre que Jésus et Jésus crucifié ?
- Si nous n'amenons pas les gens à découvrir qui est Jésus tout au long de leur vie, comment pouvons-nous espérer qu'ils deviennent des disciples à son image ?
- Prenons-nous, comme Paul, des décisions intentionnelles concernant ce qui fait l'objet de notre attention ?

Souvent, nous attendons des gens qu'ils deviennent comme Jésus alors qu'il n'est pas au centre de leurs préoccupations, mais cela ne fonctionnera jamais. Cette approche peut produire des gens qui respectent certaines règles et se comportent bien, mais ils ne peuvent pas être formés à l'image de Dieu à moins qu'ils ne voient Dieu en la personne de Jésus. Nous devons former des gens qui deviennent des étudiants de la beauté de Jésus par tous les moyens possibles.

Tout notre ministère - l'enseignement, la prédication, le chant, la relation d'aide, le pastorat, le ministère envers les pauvres - doivent amener les gens à contempler Jésus.

La beauté de Jésus n'est pas belle

Esaïe a fait une déclaration stupéfiante sur la beauté de Jésus :

> *Il a grandi devant lui comme une jeune plante, comme un rejeton qui sort d'une terre toute sèche. Il n'avait ni beauté ni splendeur propre à attirer nos regards, et son aspect n'avait rien pour nous plaire (Esaïe 53 : 2).*

Notre cœur a soif de beauté, mais, naturellement, le cœur humain déchu ne voit pas la beauté de Jésus.

La beauté de Jésus découle de sa divinité - Jésus n'est pas beau parce qu'il est un être humain impressionnant. Il est beau parce qu'il est Dieu sous forme humaine. Bien qu'il soit Dieu et la personne la plus majestueuse, nos cœurs pécheurs sont souvent captivés par d'autres fausses images de beauté, et il faut donc un processus de transformation pour découvrir la véritable beauté de Jésus.

Dieu veut nous rendre semblables à Jésus, mais c'est une image que la plupart des humains ne trouvent pas belle.

Il faut l'action du Saint-Esprit sur le cœur humain pour découvrir la splendeur de Dieu à travers la personne de Jésus. Jésus est la personne la plus belle, mais sa beauté n'est pas belle selon les normes de ce siècle, et si nous regardons Jésus selon les définitions humaines de beauté, nous ne le trouverons pas beau. Lorsque nous contemplons Jésus, notre définition de la beauté s'en trouve transformée. En le contemplant, nos pensées sont renouvelées et nos cœurs sont transformés.

Nous devons sérieusement nous demander dans quelle mesure la culture de nos églises reflète la majesté de Jésus et dans quelle mesure elle continue à refléter les définitions humaines de beauté et de succès. Nous présentons souvent Jésus comme un moyen pour devenir plus « beau » ou pour avoir plus de « succès ». C'est là un indicateur que nous n'avons pas contemplé ensemble sa beauté, car elle est tout à fait différente de ce que les hommes célèbrent naturellement.

Lorsque nous ne contemplons pas la magnificence de Jésus, nous le façonnons à notre image, selon nos propres critères de beauté, et nos églises deviennent des communautés qui peuvent embrasser une certaine moralité mais qui, en fin de compte, suivent les mêmes valeurs que la culture ambiante. Nos définitions de succès et de beauté sont les mêmes que celles de la culture lorsque nous ne regardons pas vraiment Jésus et Jésus crucifié. Non seulement nous formons Jésus à notre propre image, mais nous l'utilisons, ensuite, pour essayer de devenir plus performants, plus prospères et plus « beaux » mais selon les mauvaises définitions.

Lorsque nous définissons Jésus selon une perspective erronée de la beauté, nous développons ensuite des attentes erronées quant à ce que devrait être la vie à la suite de Jésus. Nous développons des attentes que Jésus ne nous a jamais données, comme des attentes de prospérité et de succès. Lentement, ce « Jésus » commence à ressembler à un gourou qui existe principalement pour notre propre réalisation personnelle, parce que nous ne l'avons pas vraiment vu tel qu'il est.

La preuve en est dans nos représentations de Jésus. Par exemple, dans le monde occidental, les images de Jésus ne ressemblent en rien à celles d'un Juif du Moyen-Orient du premier siècle, qui n'avait « aucune beauté pour que nous le désirions ». Au contraire, nous dépeignons Jésus comme un grand homme blanc aux yeux bleus et aux traits occidentaux prononcés. Cette image est littéralement un Jésus fait à notre propre image qui n'est pas du tout fondé dans la réalité historique ou biblique. Elle n'est rien d'autre que le reflet de ce que nous trouvons naturellement beau.

La splendeur de Jésus s'exprime dans tous les aspects de sa personne. Nous nous concentrons généralement sur la miséricorde de Jésus et le don gratuit du salut, mais ce ne sont là qu'une partie de sa beauté. Jésus est aussi un grand Roi et un Juge terrifiant. Bon nombre des plus fortes descriptions bibliques de Jésus le présentent comme le Juge divin.[2] *Les jugements de Jésus sont un élément central de sa beauté, et nous ne devrions pas les lui retirer.* Nous devons devenir des étudiants de *chaque* partie de Jésus, même celles que nous trouvons mystérieuses ou difficiles à recevoir.

Par exemple, nous proclamons généralement Jésus comme le Sauveur, mais Pierre nous a dit que Jésus a ordonné aux disciples de le déclarer comme le Juge :

Jésus nous a ordonné de prêcher au peuple et d'attester que c'est lui que Dieu a désigné juge des vivants et des morts (Actes 10 : 42).

---

2. Par exemple, voir Matthieu 25 : 31-46 ; 2 Thessaloniciens 1 : 7-9 ; Apocalypse 19 : 11-19. Considérez également que chaque description des jugements finaux de Dieu dans l'Ancien Testament est une description de Jésus. Il est celui qui exécutera le jugement divin (Jean 5 : 26-27).

Paul a également déclaré Jésus comme Juge et Roi lorsqu'il a parlé à Thessalonique et à Athènes :

... ils traînèrent Jason et quelques frères devant les magistrats de la ville en criant : « Ces gens qui ont bouleversé le monde sont aussi venus ici, et Jason les a accueillis. Ils agissent tous contre les édits de l'empereur en prétendant qu'il y a un autre roi, Jésus (Actes 17 : 6-7).

Sans tenir compte des temps d'ignorance, Dieu annonce maintenant à tous les êtres humains, partout où ils se trouvent, qu'ils doivent changer d'attitude, parce qu'il a fixé un jour où il jugera le monde avec justice par l'homme qu'il a désigné. Il en a donné à tous une preuve certaine en le ressuscitant (Actes 17 : 30-31).

Si nous examinons la prédication des apôtres, nous constatons qu'ils prêchaient Jésus différemment de nous. Dans de nombreux cas, ce que nous disons de Jésus n'est pas faux, mais c'est incomplet. Nous devons étudier, enseigner et proclamer avec soin une image complète de qui il est si nous voulons contempler Dieu. Tant que nous ne connaissons pas tous les aspects de la personne de Jésus, nous ne pouvons pas être pleinement disciples.

Si nous ne considérons pas Jésus comme Dieu, nous ne savons pas à quoi nous devons ressembler, et nous ne pouvons donc pas nous engager pleinement dans le processus du discipulat.

Un peuple captivé par la beauté divine

Nous devrions être un peuple captivé par la beauté de l'Homme Divin. Nous avons désespérément besoin de pères, de mères, de responsables de petits groupes, d'enseignants, de prédicateurs et de chantres capables de communiquer la beauté de Jésus. C'est le fondement du discipulat, et c'est par là que nous devons commencer.

Nous ne devons pas nous contenter d'une connaissance de base de la vie de Jésus et de ses principaux enseignements dans les Evangiles. Nous devons intentionnellement contempler chaque aspect de sa beauté. Voici quelques aspects qui méritent une étude approfondie :

- Contemplez la divinité de Jésus : Dieu se révèle pleinement dans la personne de Jésus. Nous devons connaître Jésus comme Dieu et pas seulement comme un Homme ou un Sauveur.
- Contemplez l'humanité de Jésus : Jésus est l'Homme ultime et l'image parfaite de Dieu. Etudiez son humanité pour contempler ce que Dieu a toujours voulu que l'être humain soit.
- Contemplez Jésus dans sa souffrance : la croix de Jésus est la révélation la plus élevée de la nature de Dieu. Dans cet événement, Dieu est pleinement révélé tel qu'il est réellement. La souffrance de Jésus est si essentielle à son identité qu'il est marqué à jamais et qu'il règne au ciel en tant que l'Agneau immolé.[3]
- Contemplez Jésus, l'Epoux : chaque fois que Dieu vient dans ce temps présent et qu'il apparaît publiquement à un peuple communautaire, il vient en tant qu'Epoux. Dieu est avant tout un Epoux dans les événements du mont Sinaï, de la première venue et de la seconde venue de Christ. Cela indique que Jésus s'adresse principalement à son peuple en tant qu'Epoux, et cela nous donne un aperçu de qui il est vraiment.
- Contemplez Jésus le Sauveur : le nom de Jésus signifie « salut ». Il a volontairement donné sa propre vie pour libérer le salut, créer pour lui-même un peuple et racheter la création. Nous devons le connaître en tant que Sauveur.
- Contemplez Jésus le Roi : Jésus est mort sous une inscription qui le proclamait « Roi des Juifs » en trois

---

3. Apocalypse 5 : 6.

langues. Jésus est un Roi grand et majestueux. En Jésus, Dieu deviendra le Roi de la terre. [4]

- Contemplez Jésus le Juge : Jésus s'est identifié à plusieurs reprises comme le Juge divin[5] et a enseigné ses disciples à le proclamer comme Juge.[6] Pour vraiment connaître Jésus, nous devons le connaître en tant que Juge.

- Contempler Jésus à sa seconde venue : Jean a résumé le retour de Jésus comme le « dévoilement » de Jésus[7] parce qu'il y a des aspects de Jésus que nous ne voyons que lors de sa seconde venue. Le mot *apocalypse* en grec signifie « révélation », et non « désastre », car Dieu y dévoile son Fils et son plan.

- Contemplez Jésus dans l'histoire d'Israël : Jésus est l'Israélite accompli qui a parfaitement vécu l'histoire d'Israël. Pour saisir pleinement l'histoire de Jésus, vous devez connaître l'histoire d'Israël. En outre, l'identité de Jésus est inséparable d'Israël. Il est l'Epoux, le Sauveur, le Roi et le Juge d'Israël.

Engagez-vous comme Paul à devenir un étudiant de la beauté de Jésus. Le discipulat commence par la contemplation, et la contemplation commence avec Jésus.

---

4. Psaumes 10 : 16 ; 29 : 10 ; 74 : 12 ; 45 ; 47 : 2, 7 ; 93 ; 96 ; 97-99 ; 103 ; Esaïe 2 : 2-4 ; 49 : 7 ; Jérémie 10 : 10 ; Ezéchiel 20 : 33 ; Daniel 2 : 44 ; Michée 4 : 1-3 ; Zacharie 8 : 3, 20-23 ; 14 : 9, 17 ; Apocalypse 11 : 15.
5. Matthieu 10 : 15, 32 ; 11 : 22, 24 ; 12 : 27, 36, 41, 42 ; 13 : 41 ; 16 : 27 ; 19 : 28 ; 25 : 31-32 ; Marc 8 : 38 ; Luc 9 : 26 ; 10 : 14 ; 11 : 31-32 ; 12 : 8-9 ; 18 : 8 ; 21 : 36 ; Jean 3 : 18-19 ; 5 : 22, 24, 27, 29-30 ; 8 : 16 ; 9 : 39 ; 12 : 31, 48 ; 16 : 8, 11.
6. Actes 10 : 42.
7. Apocalypse 1 : 1.

17

NOUS CONTEMPLONS DIEU PAR L'ESPRIT

Lorsque nous naissons de nouveau, nous recevons le don incommensurable de l'Esprit de Dieu.[1] L'Esprit habitant en nous, nous transforme en une « nouvelle création »,[2] littéralement une « nouvelle espèce » ou une « nouvelle sorte d'humain ». Nous négligeons et minimisons facilement le don de l'Esprit parce que nous vivons dans des corps déchus[3] et que nous connaissons nos faiblesses. Nous n'avons pas encore expérimenté la pleine réalité de ce qui nous a été donné,[4] mais cela ne change rien au fait que nous avons reçu le don de Dieu et que celui-ci a transformé le cœur même de notre être.

La foi et la confiance dans la puissance de la nouvelle naissance et de l'Esprit intérieur sont essentielles pour contempler Jésus.

Si vous êtes chrétiens, maintenant Dieu habite en vous si profondément que vous ne pouvez plus séparer les parties de votre être qui sont humaines de celles de Dieu qui sont divines. Vous n'êtes pas pour autant devenus Dieu, mais vous êtes devenus un humain

---

1. Romains 5 : 5 ; 8 : 9, 16 ; Galates 4 : 6.
2. Galates 6 : 15 ; Ephésiens 2 : 15 ; 1 Corinthiens 15 : 19 ; 2 Corinthiens 5 : 17.
3. Romains 8 : 23.
4. 2 Corinthiens 1 : 22 ; Ephésiens 1 : 13-14 ; 4 : 30.

comme Jésus.[5] Le discipulat est un processus continu par lequel nous découvrons ce qui nous a été donné et par lequel nous grandissons dans notre expérience de ce que nous possédons déjà grâce à l'œuvre de Jésus.

Il est très facile d'envier les disciples et de désirer les mêmes expériences qu'ils ont vécues avec Jésus, pendant trois ans. Ils ont eu le privilège inégalé de voir Dieu dans la chair, de près et personnellement. Ils ont vu des choses que personne d'autre n'a vues, et par conséquent, nous avons tendance à supposer qu'ils avaient une connaissance bien supérieure de Jésus, bien plus grande que celle qui nous est accessible aujourd'hui. *Mais ce n'est pas ce que Jésus a dit.*

L'une des choses les plus étranges que Jésus n'ait jamais dites se trouve dans Jean 16 :

> *Cependant, je vous dis la vérité : il vaut mieux pour vous que je m'en aille.*
> *En effet, si je ne m'en vais pas, le défenseur ne viendra pas vers vous ; mais,*
> *si je m'en vais, je vous l'enverrai (Jean 16 : 7).*

Jésus a fait cette promesse la nuit précédant son exécution, sachant qu'il était sur le point de partir. Jésus a fait cette déclaration afin que tous ceux qui viendraient après les disciples ne se considèrent pas, dans le royaume, comme des citoyens de seconde zone. Jésus a dit qu'il *était avantageux* qu'il parte afin que nous puissions recevoir le don de l'Esprit. En d'autres termes, la vie avec l'Esprit en nous est supérieure à la vie intime que les disciples avaient avec Jésus. La vérité c'est que Jésus a plus confiance dans le ministère du Saint-Esprit que nous-mêmes.

Vous avez reçu le don de Dieu habitant dans votre être intérieur. Ce don de Dieu vous permet de contempler Dieu. Il habite en vous en tant qu'individu, et il habite au milieu de la communauté.[6]

---

5. Romains 8 : 29 ; 1 Corinthiens 15 : 49 ; 2 Corinthiens 3 : 18 ; 4 : 10-11 ; 1 Jean 3 : 2.
6. 1 Corinthiens 3 : 16-17 ; 2 Corinthiens 6 : 16 ; Ephésiens 2 : 21-22.

L'Esprit a été donné afin que nous puissions contempler.

Jésus a spécifiquement promis que le Saint-Esprit nous permettrait de le contempler :

> *Quand le défenseur sera venu, l'Esprit de la vérité, il vous conduira dans toute la vérité, car il ne parlera pas de lui-même, mais il dira tout ce qu'il aura entendu et vous annoncera les choses à venir. Il révélera ma gloire parce qu'il prendra de ce qui est à moi et vous l'annoncera. Tout ce que le Père possède est aussi à moi ; voilà pourquoi j'ai dit qu'il prend de ce qui est à moi et qu'il vous l'annoncera (Jean 16 : 13-15).*

Jésus a promis que l'Esprit nous dirait les choses qu'il entend. Par le Saint-Esprit, nous avons un accès direct à la conversation du Père et du Fils, de sorte que nous pouvons savoir ce qu'ils pensent et ressentent. Jésus a également promis, à *deux reprises,* que l'Esprit le glorifierait en nous faisant connaître les choses qui lui appartiennent.

La nuit précédant sa mort, Jésus a fait la promesse que l'Esprit nous permettrait de le contempler et d'accéder à la révélation divine.

De la même manière, Paul a souligné que notre transformation et notre contemplation communautaire sont le fruit *de l'Esprit :*

> *Nous tous qui, sans voile sur le visage, contemplons comme dans un miroir la gloire du Seigneur, nous sommes transformés à son image, de gloire en gloire, par l'Esprit du Seigneur (2 Corinthiens 3 : 18).*

Le Saint-Esprit *aime* nous faire connaître Dieu. Il nous parle de plusieurs façons. Il le fait principalement par l'intermédiaire des Écritures, mais il lui arrive aussi de s'adresser à nous directement par des mots. Il parle aussi de manière poétique à travers des rêves et des visions ou encore à travers d'autres croyants, par un enseignement, un chant ou un mot d'encouragement. Il nous parle dans le contexte de la prière. L'Esprit communique de nombreuses façons, et si nous lui demandons de parler, il le fera. Souvent, sa voix nous échappe parce que nous avons une idée préconçue de la manière dont il communique ou parce que nous nous attendons à ce qu'il parle d'une manière spécifique. Par exemple, vous pouvez demander à l'Esprit de vous éclairer sur un sujet et, au bout d'un mois, vous découvrez des éléments, dans un passage des Ecritures, que vous n'aviez pas encore remarqués. C'est l'Esprit qui vous parle.

Si nous prenons le temps de demander au Saint-Esprit de nous révéler Dieu, il le fera, car Jésus l'a promis.

La prière n'est pas une formule, mais plus nous demandons à Dieu de le faire, plus il le fera. Si vous voulez contempler Dieu, demandez au Saint-Esprit de vous le révéler. Il aime faire cela, et plus vous lui demandez de le faire, plus il le fera. Il le fera probablement de manière inattendue, mais il le fera. Contempler Dieu est aussi simple que d'avoir une conversation continue avec l'Esprit, lui demandant d'accomplir ce que Jésus a promis qu'il ferait.

Cela peut paraître simple, mais l'avez-vous fait de manière constante sur une longue période de temps ? Si vous le faites, l'Esprit vous révélera Jésus de manière inattendue mais significative.

Si Jésus nous a donné l'Esprit pour que nous puissions le connaître et s'il a promis que le don de l'Esprit est supérieur à l'accès qu'avaient les disciples, alors nous pouvons être sûrs que l'Esprit nous conduira à contempler Dieu.

Le besoin de confiance

L'Esprit en nous nous a été donné pour que nous puissions contempler Dieu et devenir comme lui. Par conséquent, si nous négligeons l'œuvre de l'Esprit, nous ne serons pas en mesure de contempler Jésus ou d'être transformés comme Dieu le veut. Beaucoup de gens pensent que la coopération avec l'Esprit se produit la plupart du temps au travers d'expériences mystiques ou émotionnelles, mais la vie dans l'Esprit est bien plus que cela.

La manière dont les gens négligent l'action de l'Esprit la plupart du temps se voit par leur manque de confiance dans ce que dit la Parole de Dieu.

La confiance dans l'Esprit habitant en nous et dans le sang de Jésus est la clé pour contempler Dieu. Nous ne contemplons pas Dieu sur la base de ce que nous avons fait ou de ce que nous sommes. Nous pouvons contempler Dieu grâce à ce que Jésus a accompli et grâce au don de l'Esprit. Nous devons avoir une confiance *absolue* dans le sang de Jésus. Si vous avez l'Esprit en vous, Jésus veut que vous sachiez que le Père vous aime autant qu'il aime Jésus.[7] Si vous voulez connaître cet amour, vous devez avoir confiance en ce que Jésus a fait et permettre à l'Esprit de vous révéler l'amour de Jésus.

L'Esprit en nous nous a été donné pour que nous puissions contempler Dieu et devenir comme lui. Par conséquent, si nous ne croyons pas tout ce que la Bible dit sur sa présence en nous, nous ne pourrons pas contempler Jésus et nous ne serons pas transformés. Beaucoup d'entre nous doutent de ce que dit l'Ecriture parce que nous connaissons très bien nos échecs et notre être intérieur. Mais si vous êtes nés de nouveau, Dieu a mis sa propre vie en vous.

Si Dieu vous a donné gratuitement son Fils et son Esprit, il vous donnera tout ce dont vous avez besoin :

> *Lui qui n'a pas épargné son propre Fils mais l'a donné pour nous tous, comment ne nous accorderait-il pas aussi tout avec lui ? (Romains 8 : 32).*

En apprenant à faire confiance à l'Esprit qui habite en vous et dans le sang de Jésus, vous commencerez à contempler Dieu. Si vous ne mettez pas votre confiance dans la Parole, vous la mettrez alors dans votre propre perception de vous-mêmes et des autres. Cela vous conduira naturellement au découragement et à la honte.

Nous devons découvrir qu'il est possible d'avoir davantage confiance dans la Parole de Dieu et dans ce que Jésus a fait, que dans ce que nous pensons, voyons ou percevons de nous-mêmes.

La description principale de l'ennemi est « l'accusateur » car il ne veut pas que vous placiez votre confiance dans le sang de Jésus et dans le don du Saint-Esprit. Nous le vaincrons par le sang de Jésus et par notre foi dans ce que Jésus a fait.[8] Peu importe ce que vous

---

7. Jean 17 : 23, 26.
8. Apocalypse 12 : 11.

ressentez en ce moment, Dieu vous a donné son propre Esprit. Parlez-lui. Ayez confiance en son œuvre. Si vous le faites, vous contemplerez Jésus, et vous serez transformés.

Si vous voulez contempler Jésus, vous devez avoir confiance en sa Parole.

18

NOUS CONTEMPLONS DIEU DANS SA PAROLE

DIEU S'EST RÉVÉLÉ dans sa Parole afin que nous puissions connaître qui il est :

> *Au commencement, la Parole existait déjà. La Parole était avec Dieu et la Parole était Dieu (Jean 1 : 1).*
>
> *Et la Parole s'est faite homme, elle a habité parmi nous, pleine de grâce et de vérité, et nous avons contemplé sa gloire, une gloire comme celle du Fils unique venu du Père (Jean 1 : 14).*
>
> *Et le Père qui m'a envoyé a rendu lui-même témoignage à mon sujet. Vous n'avez jamais entendu sa voix, vous n'avez pas vu son visage et sa parole n'habite pas en vous, puisque vous ne croyez pas en celui qu'il a envoyé. Vous étudiez les Ecritures parce que vous pensez avoir par elles la vie éternelle. Ce sont elles qui rendent témoignage à mon sujet (Jean 5 : 37-39).*

Dieu a commencé la création en parlant,[1] et il est profondément attaché aux mots qu'il a prononcés. Les paroles de Dieu sont si essentielles à la révélation de sa personne que Jean l'a décrit comme « la

---

1. Genèse 1.

Parole ».[2] Elles portent sa vie et révèlent sa nature. Il nous a donc donné sa Parole et l'a préservée pour que nous puissions le contempler à travers elle.

Croyez-vous, vraiment, que votre Bible contient les paroles réelles du Dieu vivant, incréé et éternel ?

Dieu a soigneusement et miraculeusement préservé ses paroles pour nous, et nous devrions les apprécier en les étudiant soigneusement et en les méditant. De nombreuses personnes recherchent dans la Parole de Dieu, des phrases inspirantes ou des idées sur un sujet donné. C'est utile, mais nous devons aller plus loin. Nous devons méditer soigneusement la Parole pour découvrir la Personne qui a prononcé ces paroles. Si nous ne découvrons pas Dieu dans sa Parole, nous manquons le but ultime.

Les récits de la Bible ne nous ont pas été principalement donnés pour nous présenter des faits historiques ; ils l'ont été pour que nous puissions découvrir qui est Dieu. Il ne change pas,[3] le récit biblique de son activité passée nous aide donc, à découvrir qui il est et à apprendre comment entrer en relation avec lui. La Bible a été écrite pour que nous puissions contempler Dieu et apprendre ses voies. Elle se compose essentiellement d'histoires, car Dieu est profondément relationnel et c'est dans le contexte de la relation qu'il se révèle le plus intimement. Ses interactions passées avec son peuple et ses ennemis nous permettent de découvrir comment il veut se comporter avec nous.

La Bible n'a pas été écrite pour donner au monde un témoignage historique. C'est un compte rendu des paroles et des actions du Dieu vivant compilé pour que vous puissiez découvrir qui il est, comment il désire être en relation avec vous, comment vous devriez être en relation avec lui, ce qu'il aime, ce qu'il déteste, ce qu'il a fait, ce qu'il fait et ce qu'il fera.

Si vous aimez profondément quelqu'un et que vous en êtes séparés, les messages que vous avez de cette personne deviennent

---

2. Jean 1 : 1-3.
3. Nombres 23 : 19 ; Psaumes 33 : 11 ; 102 : 25-27 ; Esaïe 40 : 8 ; Malachie 3 : 6 ; Hébreux 13 : 8 ; Jacques 1 : 17.

incroyablement précieux. Vous relisez encore et encore ses lettres et ses courriels parce qu'ils sont le moyen par lequel vous pouvez fixer vos regards sur la personne qui vous a écrit ces mots. Ces traces écrites peuvent être partagées avec vos amis afin qu'ils puissent également connaître la personne à travers ses écrits. La Bible est très similaire ; c'est une « rampe d'accès écrite » pour contempler Dieu. A travers les mots de Dieu, nous pouvons le rencontrer.

On a dit à Jean que le cœur de la prophétie biblique était donné comme un témoignage de Jésus.

Car le témoignage de Jésus est l'esprit de la prophétie (Apocalypse 19 : 10).

Lorsque nous lisons des prophéties, nous n'étudions pas principalement des événements, nous étudions une Personne révélée par ce qu'elle a dit qu'elle ferait. Les descriptions prophétiques de l'activité future de Dieu, en particulier celles de son activité à la fin des temps, nous révèlent Jésus. Cela ne se limite pas au sujet de la prophétie. Toute la création, et donc toute l'Ecriture, existe pour nous donner un témoignage de Jésus.

Dieu nous a laissé une trace écrite de ses pensées, de ses émotions, de ses actions et de ses projets afin que nous découvrions qui il est.

Un accès plus grand que toute autre génération

Nous avons un accès plus grand à la Parole de Dieu que toute autre génération dans l'Histoire - la question est de savoir si nous apprécions ce qui nous est accessible.

L'accès aux manuscrits bibliques, au savoir biblique et aux ressources bibliques, a connu une augmentation spectaculaire au cours du siècle dernier. Nous avons un accès beaucoup plus facile à la Bible, aux ressources sur la Bible et aux traductions de la Bible que toute autre génération. Grâce à la révolution numérique de la dernière décennie, l'accès à la Bible s'est développé bien au-delà de ce que quiconque, dans l'Histoire, aurait pu imaginer.

Le monde n'a jamais été aussi immergé dans les Ecritures, et cela ne cesse d'augmenter. Percevons-nous ce que Dieu fait aujourd'hui ?

La plupart des croyants, tout au long de l'Histoire, ont eu un accès limité à l'Ecriture. Souvent, il n'y avait qu'un seul exemplaire complet dans une église ou une synagogue locale. Dans les siècles passés, il n'y avait souvent qu'un seul exemplaire de la Bible par foyer. Les saints qui nous ont précédés seraient choqués par l'accès que nous avons à la Bible. Ils seraient stupéfaits de savoir que nous pouvons la lire ou l'écouter si facilement, à tout moment et en tout lieu, et ils seraient tout aussi stupéfaits du nombre de ressources bibliques accessibles.

Nous avons un accès presque illimité à la Bible dans une multitude de traductions, ainsi qu'à d'innombrables ressources. Les prophètes, les disciples et les réformateurs n'avaient pas ce que nous avons. Pouvez-vous imaginer l'enthousiasme de Paul s'il avait eu les outils dont nous disposons aujourd'hui ?

Nous n'avons pas pleinement saisi les richesses qui nous ont été données gratuitement. En ce moment même, Dieu inonde la terre de la Parole de Dieu, et c'est totalement inédit.

La révolution numérique a produit du bon et du mauvais, mais il est indéniable que Dieu s'en sert pour saturer le monde de sa Parole. Il y a quelques années à peine, les bibles devaient être imprimées et transportées dans le monde entier. Aujourd'hui, elles sont disponibles gratuitement et instantanément presque partout dans le monde sur des appareils qui sont dans la poche de chacun. La révolution numérique est si répandue qu'il est facile de perdre de vue à quel point notre monde a changé en quelques années.

La révolution numérique ne concerne pas Netflix, Facebook et YouTube - elle concerne l'accès gratuit à la Parole de Dieu.

Le défi de notre accès inégalé à la Bible est que les gens ont tendance à ne pas apprécier les choses qui sont gratuites et facilement disponibles. Pour utiliser une expression idiomatique, « la familiarité engendre le mépris ». Par exemple, un couple qui fréquente apprécie profondément chaque moment qu'il peut passer ensemble, car il est précieux et limité. Cependant, lorsqu'ils sont mariés et ont constamment accès l'un à l'autre, ils commencent, au fil du temps, à ne plus en voir la valeur. Pouvez-vous honnêtement dire que vous accordez autant d'importance à la Bible sur votre smartphone que vous en accorderiez à la Parole, s'il n'y avait qu'une seule copie partagée dans toute votre église ?

Nous avons une occasion sans précédent de méditer profondément la Parole de Dieu, et nous devons saisir cette opportunité.

Dieu dirige l'Histoire, et il inonde le monde de la Bible parce qu'il a un objectif très précis en tête. Le Seigneur veut que cette génération le contemple dans sa Parole comme aucune autre génération n'a pu le faire. Beaucoup ne reconnaissent pas la valeur de ce qui nous a été transmis, mais il est temps, pour le peuple de Dieu, de reconnaître ce qui nous a été donné et d'en profiter pleinement.

Il est temps de saisir cette occasion extraordinaire de dévorer la Parole de Dieu et de nous en imprégner. La Parole doit devenir comme une nourriture pour nous, et nous devons « manger le rouleau » comme les prophètes d'autrefois.[4] Nos ordinateurs, tablettes et smartphones doivent devenir des parchemins modernes alors que nous saisissons cette occasion inégalée de méditer la Parole nuit et jour.

Alors que certains peuvent négliger le trésor qui nous a été donné, d'autres vont reconnaître les richesses que nous tenons dans nos mains. Un peuple va émerger qui sera plus imprégné des Ecritures que n'importe quelle autre génération dans l'Histoire. Le Saint-Esprit *aime* la Parole de Dieu, et chaque fois qu'un groupe de personnes s'adonne à la méditation de la Parole, il commencera à lui parler à travers celle-ci et à lui révéler Dieu.

Lorsque nous parlons de contempler Dieu, nous nous attendons souvent à ce que le Saint-Esprit nous donne de nouveaux éléments ou une nouvelle révélation par le biais d'une rencontre extraordinaire. Mais nous ne pouvons pas attendre de Dieu qu'il nous parle de choses nouvelles si nous n'apprécions pas ce qu'il a déjà dit.

Nous devrions chercher à faire, de la Parole de Dieu, non

---

4. Job 23 : 12 ; Psaumes 19 : 10 ; Jérémie 15 : 16 ; Ezéchiel 3 : 1-3 ; Apocalypse 10 : 9-10.

seulement une question de discipline, mais aussi une source de divertissement. Nous devrions la lire, la chanter, la méditer, et en parler les uns aux autres. Nous devrions également prendre la Parole et la transformer en prière parce qu'elle nous a été donnée comme matériel de conversation. Aimer la Parole ne signifie pas en lire autant que possible et aussi vite que possible ; cela signifie aimer la méditer et lui permettre d'influer sur nos esprits afin d'apporter la transformation que Dieu désire.

Le Saint-Esprit aime que nous transformions l'Ecriture en conversation, et si nous nous engageons systématiquement dans cette pratique, nous contemplerons Dieu de manière nouvelle et inattendue. Lorsque vous lisez la Parole de Dieu, faites une pause et transformez-la en conversation :

- Remerciez Dieu pour ce qu'il a fait.
- Demandez à Dieu la force d'obéir à ce qu'il commande.
- Demandez à Dieu de vous donner des pensées et des révélations à partir de phrases de sa Parole.
- Demandez à Dieu de transformer votre pensée pour qu'elle soit pleinement en accord avec lui.

Si vous le faites de manière constante, au fil du temps, vous commencerez à contempler Dieu. Si vous abordez la Parole de cette manière avec d'autres personnes, vous le contemplerez encore davantage.

19

NOUS SOMMES DISCIPULÉS PAR LE CHANT

LE CHANT EST *l'un des principaux outils qui nous soit donné pour contempler Dieu.* La puissance de la musique et du chant est évidente, mais nous considérons rarement le fait que le chant nous a été donné pour jouer un rôle dans notre propre vie de disciple, lorsque nous chantons en privé et avec d'autres. Les êtres humains sont créés de manière unique afin de réagir à la musique et au chant. Une simple mélodie ou une progression d'accords peuvent immédiatement susciter une émotion et transmettre un sentiment de majesté, de joie, de célébration, de lutte, de tristesse ou de peur. Lorsque les mots sont associés à la musique, l'effet est encore plus profond.

Le chant joue un rôle prépondérant dans le développement du peuple de Dieu tout au long de la Bible. Israël a toujours été un peuple chantant, et le tabernacle de David a formellement institué le chant comme une composante essentielle du discipulat et du rythme de vie d'Israël. Ces fondements de l'Ancien Testament ont préparé le terrain pour une expression beaucoup plus grande du chant dans le Nouveau Testament. En fait, il est probable que le christianisme mette davantage l'accent sur le chant que toute autre religion dans le monde.

Par le chant individuel et communautaire, nous contemplons Dieu d'une manière unique.

Les responsables de louange, les chantres, les musiciens et les compositeurs sont des théologiens musicaux. Certains peuvent être rebutés par cela car ils ont une idée préconçue du théologien comme quelqu'un qui est constamment plongé dans ses livres, très intelligent, difficile à comprendre et concentré sur l'étude académique. Cependant, ces caricatures de ce que signifie être un « théologien » ne sont pas exactes.

Ceux qui dirigent l'adoration musicale n'ont pas besoin d'essayer de se conformer à une définition artificielle du « théologien », mais ils doivent reconnaître leur rôle de théologiens musicaux dans l'Eglise. Ceux qui dirigent l'adoration musicale ont souvent un effet beaucoup plus important sur la conception que les gens ont de Dieu que ceux qui enseignent et prêchent. Ce qui indique que la musique joue un rôle profond dans le discipulat d'une majorité de personnes. Diriger le chant d'une congrégation est une grande responsabilité, et il faut le faire avec sobriété.

La Bible est remplie de chants et de commandements de chanter, reconnaissant le rôle crucial du chant dans le discipulat d'une communauté. La plupart de ces chants parlent de Dieu et de notre relation avec lui. Ils ont été composés pour l'adoration communautaire afin que nous puissions contempler Dieu ensemble en déclarant sa nature en musique. La combinaison de paroles majestueuses et de musique est l'un des moyens les plus puissants de contempler Dieu, et les types de chants que nous chantons révèlent ce que nous pensons de Dieu.

Le chant était un élément central de la vie dévotionnelle de Paul et il semblait être, dans son rythme quotidien, aussi important que la prière. Paul chantait également dans l'esprit, ce qui indique que le chant est si important que l'Esprit nous aide à chanter et chante avec nous :

Que faire donc ? Je prierai avec mon esprit, mais je prierai aussi avec mon intelligence ; je chanterai avec mon esprit, mais je chanterai aussi avec mon intelligence (1 Corinthiens 14 : 15).

Dieu aime chanter avec nous et, ce faisant, nous découvrons qui il est.

Lorsque Paul et Silas ont été battus et mis en prison à Philippes, ils priaient *et* chantaient dans leur souffrance. Cette réponse à leurs tribulations montre que la prière et le chant étaient deux des principaux moyens qu'ils utilisaient pour contempler Dieu dans la souffrance :

Vers le milieu de la nuit, Paul et Silas priaient et chantaient les louanges de Dieu, et les prisonniers les écoutaient (Actes 16 : 25).

Le chant était également un élément clé des méthodes de discipulat de Paul. Il a dit aux Ephésiens de marcher avec sagesse et d'utiliser leur temps du mieux possible en chantant les uns pour les autres :

Faites donc bien attention à la façon dont vous vous conduisez : ne vous comportez pas comme des fous, mais comme des sages : rachetez le temps, car les jours sont mauvais... dites-vous des psaumes, des hymnes et des cantiques spirituels ; chantez et célébrez de tout votre cœur les louanges du Seigneur ; remerciez constamment Dieu le Père pour tout, au nom de notre Seigneur Jésus-Christ ; soumettez-vous les uns aux autres dans la crainte de Dieu (Ephésiens 5 : 15-16, 19-21).

Paul a demandé aux Ephésiens de chanter les uns pour les autres. Le chant n'est pas seulement un exercice personnel. Nous devrions également chanter les uns pour les autres. Par conséquent, dans ce passage, le « vous » auquel Paul s'adresse est un « vous » pluriel et non un « vous » singulier, de sorte que ces instructions visent le discipulat en groupe. Ce chapitre des Ephésiens commence par le commandement d'être « imitateurs de Dieu ».[1] Le chant est donc l'un des outils qui nous permet de contempler Dieu et de lui ressembler.

---

1. Ephésiens 5 : 1.

Paul a exhorté les Colossiens de laisser la Parole habiter en eux en s'enseignant et en s'instruisant mutuellement par le chant :

Que la parole de Christ habite en vous dans toute sa richesse ! Instruisez-vous et avertissez-vous les uns les autres en toute sagesse par des psaumes, par des hymnes, par des cantiques spirituels, chantez pour le Seigneur de tout votre cœur sous l'inspiration de la grâce (Colossiens 3 : 16).

Une fois encore, le « vous » de ce passage est au pluriel, ce qui montre que ce commandement s'adresse à la communauté rassemblée, et pas seulement aux individus. Ce chapitre de Colossiens commence par le commandement de devenir comme Jésus :

Si donc vous êtes ressuscités avec Christ, recherchez les choses d'en haut, où Christ est assis à la droite de Dieu. Attachez-vous aux réalités d'en haut, et non à celles qui sont sur la terre. En effet, vous avez connu la mort et votre vie est cachée avec Christ en Dieu. Quand Christ, notre vie, apparaîtra, alors vous apparaîtrez aussi avec lui dans la gloire (Colossiens 3 : 1-4).

Nous devons rechercher les « choses d'en haut », ce qui signifie que nous nous concentrions sur la personne de Jésus et les implications de son exaltation dans les cieux. Nous devons voir le monde avec sa perspective afin de découvrir qui nous sommes en lui et vivre en sachant que nous apparaîtrons avec lui dans la gloire à son retour. Paul a inclus le chant parmi les disciplines communautaires qui nous permettent de contempler Jésus et son exaltation, afin de devenir comme lui.

Paul a formé des disciples par le chant, et c'est un modèle que nous devrions suivre car le chant nous permet de contempler Dieu d'une manière unique.

Pourquoi chanter ?

Le chant est tellement présent dans la Bible qu'on peut se demander pourquoi chanter ? Bien que nous ne puissions pas donner une réponse complète à cette question en quelques pages, il existe plusieurs raisons pour lesquelles le chant est si répandu dans les Ecritures.

Le chant touche nos émotions d'une manière que la parole ne fait que rarement. Entendre un message peut nous émouvoir profondément, mais le chant a beaucoup plus de chances de toucher nos émotions, et il nous affecte généralement plus profondément et plus rapidement que le parler. La musique a un grand effet sur nos émotions, et Dieu veut que nos émotions soient connectées à son plan.

Le chant contourne notre résistance naturelle. Le chant a la capacité unique de contourner notre résistance à une idée ou à un concept, ce qui lui confère un pouvoir incroyable pour le bien ou pour le mal. Par exemple, il est facile de se retrouver dans un centre commercial ou un autre espace public en train de chanter une chanson inappropriée. Le pouvoir de la musique peut facilement vous inciter à répéter des choses que vous ne diriez pas et que vous évalueriez de manière critique si une personne vous demandait de les répéter. Soit dit en passant, cette capacité de la musique la rend inestimable pour communiquer l'Evangile.

Les personnes qui hésiteraient à répondre à une prédication difficile à recevoir n'hésiteront pas à chanter des paroles comme :

- « Alors envoie-moi n'importe où, mets ta gloire en moi, je te servirai n'importe où, laisse-moi voir ta beauté. »[2]
- « Conduis-moi dans le feu, conduis-moi dans la pluie, conduis-moi dans l'épreuve, je ferai tout ce que tu me demandes. »[3]
- « Je veux passer par le feu, purifie-moi, prends tout ce que tu désires, Seigneur, voici ma vie. »[4]

Ces paroles sont incroyablement exigeantes, et pourtant nous les

2. Cory Asbury, Laura Hackett et Lisa Gottshall, "All Is for Your Glory", 2012, *Magnificent Obsession* (US : Forerunner Music).
3. Misty Edwards, "Fling Wide", 2009, *Fling Wide (Live)* (US : Forerunner Music).
4. Chandler Moore, "Refiner", 2019, *Maverick City Vol. 2* (US : Maverick City Music).

chantons facilement et avec dévotion lorsqu'elles sont mises en musique. La musique nous aide à répondre à l'appel difficile du disciple, et les responsables de louange doivent aborder leur don en gardant cela en tête.

Le chant est une expérience communautaire. Lorsque quelqu'un enseigne ou prêche, l'auditoire est silencieux. En revanche, lorsqu'une personne douée commence à diriger un chant, tout le monde se joint au chant. Tout le monde n'est pas capable de diriger la louange, mais toute l'assemblée peut participer au chant. C'est une façon pour nous de contempler Dieu et de déclarer ensemble sa beauté.

Nous mémorisons naturellement les chants. Lorsque nous chantons, le chant devient une partie de nous. La musique est peut-être le moyen de mémorisation le plus puissant. Si vous demandez à des personnes de répéter le sermon de la semaine dernière, elles ne seront capables de donner que quelques points principaux du message. Cependant, sans le moindre effort, les gens mémorisent facilement les chants qu'ils chantent chaque semaine. Il y a quelque chose dans la musique qui établit un message profondément en nous.

À titre d'exemple, le mouvement méthodiste a été l'un des mouvements chrétiens les plus influents du monde occidental sous la direction de John Wesley. Aujourd'hui encore, les gens connaissent John Wesley, mais très peu de gens peuvent citer un seul de ses sermons. Charles, le frère de John, a codifié la théologie du mouvement dans ses hymnes et, à ce jour, ses chansons sont encore largement chantées. Nous ne connaissons pas les sermons de John, mais nous chantons toujours les chants de son frère.

Les chants créent des souvenirs profonds et marquent les mouvements rédempteurs de l'Histoire. Tout au long de la Bible, des chants ont été interprétés pour marquer les grands événements de l'Histoire. Nous y trouvons des chants de lamentation au milieu d'une crise et des chants de célébration lors de grandes victoires. Ces chants deviennent un moyen puissant pour raconter l'histoire de l'activité de

Dieu dans l'Histoire. De l'exode à la fin des temps, nous voyons les saints chanter l'œuvre de Dieu dans le passé, le présent et l'avenir.

Le chant est lié à l'activité de l'Esprit. Elisée a demandé un musicien lorsqu'il a cherché à recevoir une parole du Seigneur,[5] et la musique de David a libéré Saül de l'oppression de mauvais esprits.[6] Paul a également associé le chant à l'activité de l'Esprit car le chant biblique, centré sur Dieu, crée un contexte pour l'activité de l'Esprit.

Dieu aime le chant. La raison principale pour laquelle le chant est si important est peut-être que Dieu aime chanter. Sophonie dit que Dieu exprime son plaisir pour son peuple par des « chants d'allégresse ».[7] Lorsque David a amené l'arche à Jérusalem, il a entouré de chants la présence de Dieu, et lorsque nous entrevoyons la salle du trône de Dieu, il est entouré de musique et de chants.[8] Il est évident que Dieu aime le chant, et nous aimons la musique et le chant parce que nous sommes faits à son image. Notre plaisir de la musique est le sien, et le pouvoir que la musique exerce sur nous provient de l'amour de Dieu pour la musique.

Dieu forme clairement son peuple à être disciples par le chant, et c'est l'un des aspects les plus négligés du discipulat. Nous chantons naturellement les choses que nous aimons et nous contemplons ce que nous trouvons beau dans le chant. La grande majorité des chants parlent d'amour, et lorsque nous les entendons, nous contemplons la beauté de la personne qui a captivé l'affection du chanteur. Lorsque dans l'Eglise, nous chantons des chants centrés sur l'homme, cela montre que nous sommes toujours captivés par notre propre beauté. Mais les chants bibliques nous permettent de contempler la beauté de Dieu et de la proclamer aux autres.

---

5. 2 Rois 3 : 15.
6. 1 Samuel 16 : 23.
7. Sophonie 3 : 17.
8. Apocalypse 5 : 8 ; 14 : 2-3 ; 15 : 2.

20

NOUS CONTEMPLONS LA BEAUTÉ DE DIEU DANS SON PEUPLE

Nous sommes transformés lorsque nous contemplons Jésus ensemble, mais nous sommes également transformés lorsque nous contemplons Jésus *dans* l'assemblée réunie. Lorsque Paul a rencontré Jésus en Actes 9, il était complètement stupéfait et n'avait qu'une seule réponse à la majesté qu'il rencontrait : *Qui es-tu ?*

> *Comme il était en chemin et qu'il approchait de Damas, tout à coup, une lumière qui venait du ciel resplendit autour de lui. Il tomba par terre et entendit une voix lui dire : « Saul, Saul, pourquoi me persécutes-tu ? » Il répondit : « Qui es-tu, Seigneur ? » Et le Seigneur dit : « Moi, je suis Jésus, celui que tu persécutes » (Actes 9 : 3-5).*

Pour autant que nous sachions, Paul n'avait jamais vu Jésus personnellement, mais Jésus l'a accusé de le persécuter parce qu'il avait opprimé son peuple. Par conséquent, la rencontre de Paul avec la gloire de Jésus dans Actes 9, était aussi une rencontre avec la gloire du peuple de Jésus. La rencontre de Paul révèle que Jésus s'identifie profondément à son peuple, et que lorsque nous rencontrons son peuple, nous le rencontrons.

Les personnes appartenant à Jésus sont un témoignage incomplet mais

authentique de qui il est. Lorsque nous participons au corps, nous commen-
çons à percevoir des aspects de ce que Jésus est à travers son peuple.

La nuit précédant son exécution, Jésus a prié pour que son peuple devienne le premier témoin de son existence :[1]

> *Je ne prie pas pour eux seulement, mais encore pour ceux qui croiront en moi à travers leur parole, afin que tous soient un comme toi, Père, tu es en moi et comme je suis en toi, afin qu'eux aussi soient [un] en nous pour que le monde croie que tu m'as envoyé. Je leur ai donné la gloire que tu m'as donnée, afin qu'ils soient un comme nous sommes un - moi en eux, et toi en moi - afin qu'ils soient parfaitement un, et qu'ainsi le monde reconnaisse que tu m'as envoyé et que tu les as aimés, comme tu m'as aimé. (Jean 17 : 20-23).*

Le Père répond à toutes les prières de Jésus, ce qui signifie que l'Eglise *doit* devenir tellement semblable à Jésus qu'elle sera un témoin indéniable de son existence et du fait qu'il est l'Humain Divin qui est descendu, qui est monté et qui redescendra encore. Si Jésus veut que le monde le voie dans son peuple, il s'attend aussi à ce que nous puissions le voir dans son peuple.

La tête d'un corps

Tout au long du Nouveau Testament, l'Eglise est désignée comme le « corps » de Jésus, et cette analogie a des implications importantes :

> *Il est la tête du corps qu'est l'Eglise ; il est le commencement, le premier-né d'entre les morts, afin d'être en tout le premier (Colossiens 1 : 18).*
>
> *Il a tout mis sous ses pieds et il l'a donné pour chef suprême à l'Eglise qui est son corps, la plénitude de celui qui remplit tout en tous (Ephésiens 1 : 22-23).*
>
> *Mais en disant la vérité dans l'amour, nous grandirons à tout point de vue vers celui qui est la tête, Christ. C'est de lui que le corps tout entier, bien*

Pour en savoir plus, voir du même auteur : *What does God wants, aligning your life with God's desire.*

coordonné et solidement uni grâce aux articulations dont il est muni, tire sa croissance en fonction de l'activité qui convient à chacune de ses parties et s'édifie lui-même dans l'amour (Ephésiens 4 : 15-16).

Car le mari est le chef de la femme, comme Christ est le chef de l'Eglise qui est son corps et dont il est le Sauveur (Ephésiens 5 : 23).

Dieu a créé tout ce qui existe dans la création pour se faire connaître, mais il a formé l'Eglise pour une fonction unique, et la révélation de la gloire de Jésus est inséparablement liée à son peuple. Jésus s'est inséparablement joint au cosmos en devenant une partie de la création,[2] et il est inséparablement joint à son peuple. Une tête ne peut exister sans un corps, et il en va de même pour Jésus.

Toute la création plante le décor pour révéler la personne de Dieu, et la nouvelle humanité en plante un autre dans lequel Dieu se révèle aussi.

Dieu a choisi de se révéler à travers un homme (Jésus) *et* un peuple uni à cet homme. Les deux révélations sont nécessaires pour que Dieu soit connu, et les deux le font connaître de la manière dont il veut être connu. La tête d'un corps est la partie la plus haute, la plus proéminente d'une personne. C'est là que se trouvent la nature, l'intelligence, les émotions et l'identité d'une personne. La tête dirige le corps, et le corps ne peut fonctionner sans la tête. Pourtant, si vous ne voyez que la tête d'une personne, vous ne voyez pas vraiment la personne, car la tête n'en est qu'une petite partie.[3] De plus, une tête non rattachée à un corps est épouvantable.

Les implications sont stupéfiantes : la révélation de Jésus est incomplète sans son peuple.

Nous négligeons souvent la révélation de Jésus dans son peuple parce que nous nous connaissons bien et que nous sommes familiers avec les échecs et les défauts de chacun. Dieu, au contraire, déploie puissamment sa gloire dans son peuple, et nous pouvons contempler le visage de Jésus dans l'église locale. C'est une image imparfaite de

---

2. Jean 1 : 14 ; Ephésiens 1 : 10 ; Colossiens 1 : 15-18 ;
3. Environ 10 pourcents de la surface du corps, voir https://en.wikipedia.org/wiki/Total_body_surface_area/

Jésus, c'est pourquoi nous la dévalorisons souvent, mais c'est néan-moins une image authentique de Jésus.

Tout comme il faut voir le corps d'une personne et pas seulement sa tête pour découvrir qui elle est, il y a aussi des aspects de la beauté de Jésus que nous ne rencontrons que dans le corps.

De nombreux chrétiens s'attendent à devenir des individus matures et complets, mais ce n'est pas biblique. Dieu ne forme pas des individus complets et autosuffisants. Il forme un peuple commu-nautaire. Jésus n'est pas un polygame à la recherche de plusieurs « épouses ». Il est la tête d'une seule et unique épouse - un peuple communautaire qui sera *ensemble* une démonstration de sa personne.

Individuellement, nous ne refléterons jamais la plénitude de Jésus, mais ensemble, nous pouvons être une représentation commu-nautaire de Jésus. Par conséquence, l'Esprit distribue ses dons à travers le corps. Il ne donne pas tout à une seule personne. Il y a des choses dont Dieu ne vous parlera jamais et des dons qu'il ne vous donnera jamais parce qu'il veut que vous entendiez sa voix et que vous le rencontriez dans son corps.

La sagesse de Dieu sera connue a travers un peuple

Dieu va instruire les dominations et les autorités et leur enseigner sa « sagesse infiniment variée » *par l'intermédiaire de l'Eglise.*

> *Ainsi, les dominations et les autorités dans les lieux célestes connaissent maintenant par le moyen de l'Eglise la sagesse infiniment variée de Dieu (Ephésiens 3 : 10).*

Si les puissances du mal contemplent la sagesse de Dieu à travers l'Eglise, alors combien plus devrions-nous contempler la personne de Dieu parmi son peuple ?

C'est peut-être la façon la plus négligée de contempler la beauté de Jésus, mais l'Eglise va arriver à maturité. L'Eglise va devenir un « homme mature », atteignant la stature de la « plénitude du Christ ».

⁴ Nous devons commencer à voir le corps de la manière dont Jésus le voit, et lorsque nous le ferons, nous commencerons à entrevoir la beauté de Jésus dans son peuple alors qu'il le transforme et répand sa vie à travers lui.

---

4. Ephésiens 4 : 13.

21

NOUS CONTEMPLONS DIEU DANS LA PRIÈRE

SI VOUS VOULEZ CONNAÎTRE QUELQU'UN, vous devez lui parler. Vous ne pouvez pas vous attendre à le connaître profondément si vous vous contentez de lire à son sujet ou de compter sur des tiers pour vous le décrire. Dieu nous a donné sa Parole comme matériel de conversation avec lui. Lui répondre par la Parole de Dieu est l'une des meilleures façons d'approcher la prière. Lorsque vous consacrez du temps à la prière, vous pouvez ou non ressentir la présence de Dieu de manière tangible, mais nous savons que Dieu nous a donné son propre Esprit,[1] ce qui signifie qu'il est présent avec nous, même lorsque nous ne le ressentons pas.

Dans de nombreux cas, nous ne parvenons pas à contempler Dieu parce que nous n'avons pas toujours pris le temps de lui parler et d'entrer en relation avec lui en tant que personne.

Beaucoup de gens pensent que l'on contemple Dieu dans la prière en lui demandant de se révéler et en attendant que quelque chose de spectaculaire se produise, mais il est beaucoup plus fréquent que Dieu réponde à vos prières au fil du temps et

---

1. Romains 8 : 9 ; Galates 4 : 6 ; Ephésiens 1 : 13 ; 2 : 22 ; 2 Timothée 1 : 14 ; 1 Jean 3 : 24 ; 4 : 4 ; Jude 19-21.

différemment de ce que vous attendez. Dieu vous accordera de précieux moments avec lui, lorsque sa présence sera tangible d'une manière inhabituelle, mais ce n'est là qu'un aspect de la contemplation de Dieu par la prière. La prière porte le plus de fruits lorsque, sur le long terme, nous mettons de côté un temps régulier pour lui parler.

Certains abordent la prière comme un moyen d'accomplir certaines choses, mais la prière n'est pas fonctionnelle, elle est relationnelle. La prière est l'un des outils que Dieu utilise pour forger une relation avec nous. Dieu veut que nous l'impliquions dans la conversation et, à mesure que nous lui parlons, il apportera, au fil du temps, une transformation substantielle.

Le plus grand défi que nous ayons à relever dans la prière est peut-être notre capacité d'attention limitée. Nous nous sommes habitués à des interruptions et à des distractions quasi constantes, et nous ne résistons guère à ces intrusions. Nous pouvons être en pleine conversation avec un ami et, en une seconde, lire et répondre à une notification sur un sujet complètement différent.

Cette incapacité à se concentrer spécifiquement sur une chose a des répercussions importantes dans un certain nombre de domaines, et elle affecte certainement la prière. Lorsque beaucoup d'entre nous commencent à prier, nos pensées sont encombrées, et nous ne savons pas comment fixer notre attention sur le Seigneur durant un temps prolongé. Nous pensons que la prière est le problème, ou que Dieu est difficile à trouver, mais la réalité est que nous n'avons pas cultivé la capacité de nous concentrer et de traiter Dieu comme une personne intensément relationnelle.

Parfois, nous traitons Dieu plus mal que nous ne le ferions avec un autre être humain. Nous pouvons être au milieu d'une prière, et soudainement, nous répondons à une notification sur notre téléphone sans aucune hésitation, démontrant ainsi que nous n'avons pas considéré notre conversation avec Dieu comme une véritable conversation. Dieu est très aimable, mais ces habitudes nous privent d'une véritable communion dans la prière. Il est une personne intensément relationnelle. Il vous poursuivra, mais il veut aussi une relation réelle et substantielle avec vous.

La primauté de la prière communautaire

La prière n'est pas seulement une affaire individuelle, c'est aussi une expérience communautaire. Lorsque la plupart des gens pensent à la prière, ils pensent au « lieu secret » de leur chambre. Cependant, presque toutes les mentions de la prière, dans le livre des Actes, décrivent une prière communautaire, et on y trouve très peu de références à la prière privée.[2] De plus, beaucoup (peut-être la plupart) de références de Paul à la prière sont clairement communautaires ou supposent une application communautaire.[3]

La prière du Nouveau Testament ne peut pas être uniquement une discipline privée, elle doit être un élément clé de notre vie communautaire.

Il y a des exemples incroyables d'intercesseurs à travers l'Histoire qui avaient une vie de prière puissante, mais si nous nous basons sur l'Ecriture comme seul guide, nous trouvons plus d'emphase sur la prière communautaire que sur la prière individuelle. Cela ne signifie pas que nous devons négliger la prière individuelle, mais que nous devons nous engager davantage dans la prière communautaire comme l'un des principaux moyens de vivre ensemble en tant que peuple.

Nous avons besoin de rythmes constants et fréquents de prière commune dans nos assemblées spirituelles. Lorsque nous nous rassemblons et parlons à Dieu en tant que peuple, il se révèle à nous.

---

2. Actes 1 : 14, 24 ; 2 : 42 ; 3 : 1 ; 4 : 31 ; 6 : 4, 6 ; 8 : 15, 22, 24 ; 9 : 11, 40 ; 10 : 2, 4, 9, 30-31 ; 11 : 5 ; 12 : 5, 12 ; 13 : 3 ; 14 : 23 ; 16 : 13, 25 ; 20 : 36 ; 21 : 5 ; 22 : 17 ; 28 : 8.
3. Par exemple, voir Romains 15 : 30 ; 1 Corinthiens 7 : 5 ; 2 Corinthiens 1 : 11 ; 9 : 14 ; 13 : 7, 9 ; Ephésiens 6 : 18-19 ; Philippiens 1 : 19 ; 4 : 6 ; Colossiens 1 : 3, 9 ; 4 : 2 ; 1 Thessaloniciens 1 : 2 ; 3 : 10 ; 5 : 25 ; 2 Thessaloniciens 1 : 11 ; 3 : 1 ; 1 Timothée 2 : 1. Nous oublions facilement que Paul n'avait pas de bureau privé. Il était constamment avec d'autres compagnons de voyage ou engagé auprès des églises. Sa vie était beaucoup plus communautaire que plusieurs ne l'imaginent.

La transformation est soudaine et graduelle

La transformation dans la vie chrétienne, est une combinaison de moments soudains où Dieu fait quelque chose que lui seul peut faire, et de longues périodes de temps où Dieu nous transforme par notre propre participation à sa puissance. Par exemple, nous sommes nés de nouveau en un instant lorsque Dieu nous a donné son Esprit. L'œuvre de Dieu à ce moment précis produit une transformation radicale, mais elle déclenche aussi un processus de croissance et de transformation qui requiert notre participation et qui se déroule dans le temps.

La naissance naturelle fournit la meilleure analogie pour décrire la manière dont Dieu rend son peuple mature. Pour qu'une personne naisse, il doit y avoir un moment soudain de conception où la personne qui n'existait pas auparavant est maintenant vivante. Ce moment est suivi de décennies de croissance et de développement, au fur et à mesure que la personne devient ce qu'elle est destinée à être.

Certains chrétiens s'attendent à ce que toute transformation se produise par l'action soudaine de Dieu, et d'autres ne se concentrent que sur une transformation graduelle au fil du temps. Mais les deux sont nécessaires à la transformation biblique. Nous avons besoin que Dieu agisse soudainement à certains moments et fasse ce que lui seul peut accomplir, et lorsqu'il le fait, cela met en marche un processus de croissance et de développement qui requiert notre participation. La prière est le contexte favorable pour les manifestations soudaines de Dieu tout comme elle l'est pour la transformation sur de longues périodes. Les deux sont des aspects de la prière, et les deux vous permettront de contempler Dieu.

La prière peut être une expérience mystique, mais elle doit être abordée de manière pratique, comme un rythme quotidien. Au fur et à mesure que vous progresserez dans la prière, elle vous semblera plus normale, car vous n'avez pas besoin de vous rendre au ciel pour prier avec succès. Dieu habite en nous par l'Esprit, et lorsque nous prions, nous communions avec lui - d'esprit à Esprit. Nous n'avons pas besoin de connaître des « mots secrets » qui vont soudainement changer notre vie de prière. Si nous ne savons pas comment prier, nous pouvons être sûrs que l'Esprit nous y aidera et qu'il compensera ce qui nous manque.[4] L'Esprit nous donne également le don de prier dans l'Esprit[5] , ce qui peut inclure de prier en silence avec son aide, de prier avec des mots simples, renforcés par sa puissance, et de prier dans des langues que nous ne connaissons pas, selon ce qu'il nous donne.

Il existe plusieurs choses que nous pouvons faire pour nous aider à contempler Dieu dans la prière au fil du temps :

- Abordez la prière comme une conversation et non comme une simple liste de requêtes.
- Priez la Bible et transformez-la en conversation.
- Prenez le temps d'écouter dans la prière. Dieu vous donnera souvent des impressions.
- Établissez un rythme de prière quotidien comprenant une heure et un lieu fixes.
- Tout au long de la journée, réservez des moments pour la prière et profitez des brefs instants de la journée pour vous adresser au Seigneur.
- Priez avec d'autres personnes en petits groupes.
- Combinez la prière et le chant (l'adoration). Par exemple, la plupart des Psaumes sont à la fois des chants et des prières.

Si vous développez une habitude constante de prière, vous contemplerez Dieu, au fil du temps, de plus en plus.

---

4. Romains 8 : 26.
5. 1 Corinthiens 14 : 15 ; Ephésiens 6 : 18 ; Jude 20

22

NOUS CONTEMPLONS DIEU DANS LE JEÛNE

LES GENS ONT généralement recours au jeûne dans des situations extrêmes, par exemple, lorsqu'ils ont besoin d'une réponse immédiate ou d'être délivrés d'une situation grave. Le jeûne peut être approprié dans ces situations, mais comme nous l'avons vu, Jésus a mis l'accent sur une autre raison de jeûner :

> *Jésus leur répondit : « Les invités à la noce peuvent-ils être tristes[1] tant que le marié est avec eux ? Les jours viendront où le marié leur sera enlevé, et alors ils jeûneront » (Matthieu 9 : 15).*

Nous devons remarquer ici deux déclarations. Premièrement, Jésus a prédit que son peuple allait jeûner. Le jeûne doit faire partie de notre rythme spirituel. Deuxièmement, Jésus a associé le jeûne au deuil produit par son absence. Le jeûne du Nouveau Testament ne consiste pas, principalement, à obtenir une réponse en situation d'urgence ; il exprime notre deuil face à l'absence de Jésus.

Malheureusement aujourd'hui, nous ne jeûnons et ne menons le deuil que très rarement.

————

1. « Etre en deuil » dans les versions NBS, FRDBY et COL

Lorsque des personnes veulent se remettre en forme, elles adoptent souvent des « régimes chocs ». Elles sautent des repas et changent la manière dont elles s'alimentent dans l'espoir de perdre du poids en peu de temps. Si cette méthode permet, effectivement, d'en perdre rapidement, elle est rarement efficace à long terme. Ces personnes ont généralement plus de succès lorsqu'elles changent leurs habitudes alimentaires et développent un nouveau rythme d'alimentation et d'exercice. Ce processus de perte de poids prend plus de temps, mais il permet de développer un nouveau mode de vie plus sain qui donnera des résultats durables.

Le jeûne est souvent traité comme un « régime d'urgence » et un ultime effort pour attirer l'attention de Dieu, alors qu'il devrait faire partie du rythme régulier de notre recherche du Seigneur.

Eviter de prendre des mauvaises habitudes n'est pas jeûner, c'est une bonne autodiscipline. Le jeûne est un temps d'abstinence intentionnelle de choses qui sont une bénédiction de Dieu. Le jeûne concerne généralement la nourriture et peut aussi impliquer d'autres choses.[2] La nourriture n'est pas mauvaise, elle est un cadeau de Dieu. Nous ne nous abstenons pas de manger parce que c'est une mauvaise chose ; nous nous abstenons temporairement de manger en signe de deuil.

Lorsque nous jeûnons, nous déclarons que les choses ne sont pas normales et, de ce fait, nous ne pouvons pas profiter pleinement des bénédictions que Dieu nous a accordées jusqu'à ce qu'il revienne habiter avec nous.

Par exemple, lorsqu'une personne meurt, les gens changent leurs habitudes alimentaires et suivent d'autres rythmes de vie. Leur chagrin et leur deuil les empêchent de s'engager dans des activités normales, c'est là le concept qui sous-tend le jeûne du Nouveau Testament.

Nous ne jeûnons pas pour impressionner Dieu ou pour prouver notre spiritualité. Nous ne jeûnons pas pour le convaincre de faire des choses qu'il ne veut pas faire. Nous jeûnons comme une expression de deuil - une déclaration de notre désir pour Jésus. Le jeûne ne

---

2. Par exemple, Paul inclut l'activité sexuelle dans 1 Corinthiens 7 : 5.

consiste pas simplement à se priver de quelque chose, mais à le faire avec un but précis. Par exemple, si nous nous privons seulement de nourriture, ce n'est pas un jeûne. C'est un régime. Le jeûne consiste à se priver de nourriture pour avoir le temps de se concentrer sur le Seigneur.

Parce que le jeûne est l'expression du deuil produit par l'absence de Jésus, il attire naturellement notre attention sur lui et nous amène à le contempler.

Vous pouvez ne pas avoir envie de jeûner, et vous pouvez même vous sentir faibles pendant le jeûne. Mais ne soyez pas surpris ou découragés par la faiblesse, car lorsque nous jeûnons nous choisissons intentionnellement d'être faibles. Vous aurez faim. Vous vous sentirez mal à l'aise parce que la faiblesse est inconfortable pour nous, mais dans notre faiblesse, le Seigneur apporte la transformation. Le jeûne n'apporte pas toujours une révélation immédiate dans notre vie spirituelle ; cependant, le jeûne, au fil du temps, produira une transformation et nous découvrirons des révélations de Jésus de manière nouvelle.

Notre monde nous incite constamment à faire la fête, et une mauvaise compréhension de la grâce nous dit que jeûner régulièrement n'est pas nécessaire. Pourtant, Jésus a prédit que nous jeûnerions, que nous mènerions le deuil à cause de son absence. N'attendez pas de ressentir ce deuil pour jeûner. Si vous adoptez une pratique régulière du jeûne, il vous y conduira si vous l'utilisez comme une occasion pour vous concentrer sur le Seigneur. Le jeûne est peut-être le moyen le plus négligé pour contempler la beauté de Jésus, et il nous conduira à le contempler si nous le pratiquons.

Un style de vie de jeûne

Nous avons besoin de jeûner régulièrement, mais nous avons tout autant besoin d'adopter un style de vie de jeûne. Nous sommes la génération la plus distraite de l'Histoire. Si vous vivez dans un pays riche, vous êtes constamment entourés de médias et continuellement interrompus par des appareils numériques. Vous êtes également submergés par une offre de divertissements sans fin. La culture nous dit d'en rajouter *encore et encore* et nous fait croire que sinon, nous passerons à côté de tellement de choses. A cause des médias sociaux, toute une génération vit aujourd'hui avec la FOMO (peur de rater quelque chose).

De nombreux chrétiens n'arrivent pas à « trouver » Dieu parce que leur vie est déjà bien trop chargée. Lorsqu'un jeune homme décide d'épouser une jeune femme, il ne peut pas ajouter un mariage à son style de vie existant. Il doit le modifier radicalement. Il doit abandonner certaines relations et activités s'il veut bénéficier des bienfaits d'une relation profonde avec une autre personne.

Beaucoup d'entre nous sont dans la même situation. Nous ne pourrons pas avoir plus de Dieu tant que nous n'enlevons pas certaines choses. Nos vies sont bien trop remplies pour le contempler, et Dieu n'est pas une activité de plus à ajouter à nos divertissements. Il est une personne réelle - une personne divine - et le connaître requiert les mêmes changements exigeants qu'un mariage.

Prenons l'exemple d'une petite fille qui fait soigneusement un dessin et l'apporte à son père alors qu'il est plongé dans un match. Elle veut attirer son attention et lui montrer ce qu'elle a fait, mais il est trop distrait par le jeu. Les images captivant son attention sur l'écran l'empêchent de voir quelque chose de beau et d'attrayant de la vie réelle. Beaucoup d'entre nous vivent comme cet homme captivé par le jeu. Dieu veut que nous contemplions sa beauté, mais nous sommes plus attirés par nos activités et par nos divertissements.

Beaucoup d'entre nous vivent avec une « peur de rater quelque chose » inconsciente, mais il est temps de découvrir un nouveau type de FOMO, une peur de rater la révélation de Dieu parce que nos vies sont déjà bien trop remplies. Si nous voulons vraiment contempler Dieu, nous devons lui faire de la place. Nous devons faire de la place dans nos emplois du temps, qui sont probablement surchargés. Tout peut sembler important, mais cela ne signifie pas que ce soit le cas. Nous devons faire de la place dans nos pensées. Dans de nombreux cas, nous pensons constamment à un million de choses parce que nous sommes distraits, essayant de faire plusieurs choses à la fois et traitant trop de données en même temps.

Si vous mangez constamment, vous n'apprécierez jamais la nourriture. Vous devez avoir des périodes entre les repas pendant lesquelles votre corps digère les aliments et commence un nouveau cycle de faim. Lorsque ce cycle se déroule correctement, manger est immensément satisfaisant. Si vous essayez de raccourcir le processus de digestion et de faim, la nourriture deviendra fade et monotone. Nous devons créer de l'espace pour que la vraie faim se développe dans nos âmes. Nous avons besoin d'un véritable espace, dans nos emplois du temps, dans nos pensées et dans nos émotions pour que Dieu se révèle.

Ce n'est pas parce que nous avons accès à quelque chose que nous devons nous y adonner.

La plupart des chrétiens reconnaissent qu'ils ne devraient pas s'adonner à certains types de divertissements et d'activités, mais ces activités néfastes ne sont pas notre plus grande menace. Notre plus grand défi est l'activité et le divertissement sans fin. Beaucoup de choses « bonnes » ou « légitimes » nous empêchent de vivre en Dieu.

Les moines et d'autres personnes à travers l'Histoire se sont retirés de la société pour une bonne raison, pour découvrir Dieu. Nous n'avons pas besoin de devenir des ermites, mais nous devons nous retirer de beaucoup de choses que nous pensons être essentielles si nous voulons découvrir la connaissance de Dieu. Pendant des années, nous avons dit aux croyants qu'ils pouvaient « tout avoir », mais c'est tout simplement un mensonge. Il est temps d'exposer la tromperie d'une vie « remplie » et de poursuivre un style de vie de jeûne.

Il est temps qu'une génération entière adopte un style de vie de jeûne pour contempler Dieu.

23

L'EXPÉRIENCE D'APPRENTISSAGE IMMERSIF

LA CRÉATION EST une expérience d'apprentissage immersif qui nous amène à découvrir Dieu :

> *En effet, les perfections invisibles de Dieu, sa puissance éternelle et sa divinité, se voient depuis la création du monde, elles se comprennent par ce qu'il a fait. Ils sont donc inexcusables (Romains 1 : 20).*

Toutes choses ont été faites pour Jésus afin que le Dieu invisible puisse être connu : [1]

> *Le Fils est l'image du Dieu invisible, le premier-né de toute la création. En effet, c'est en lui que tout a été créé dans le ciel et sur la terre, le visible et l'invisible, trônes, souverainetés, dominations, autorités. Tout a été créé par lui et pour lui (Colossiens 1 : 15-16).*

Il est clair que beaucoup de choses qu'il a créées lui résistent actuellement, mais le désir de Dieu d'être connu est si fort que même

---

1. Par exemple, voir Psaumes 19 : 2 ; Romains 1 : 20 ; Colossiens 1 : 16. Pour en savoir plus, voir le livre « *What Does God Want ? Aligning your life with God's desire* »

les ennemis de Dieu servent finalement son objectif de se révéler. L'exemple ultime est la crucifixion de Jésus. Sa mort injuste était d'une immense méchanceté, et pourtant, même cet acte malveillant nous a révélé Dieu d'une manière sans précédent.

Si Dieu peut se révéler dans sa propre souffrance injuste, alors il peut aussi se révéler de manière choquante et inattendue.

Nous avons énuméré plusieurs « moyens de grâce » qui nous amènent à contempler Jésus. Si vous adoptez chacune de ces pratiques en communauté avec d'autres croyants, au fil du temps, vous contemplerez Dieu et serez transformés à son image. La liste des disciplines que nous avons examinées n'est pas exhaustive, et vous découvrirez d'autres rythmes de vie et d'autres pratiques qui vous permettront également de contempler Dieu.

En recherchant intentionnellement Dieu, vous découvrirez que pratiquement tous les aspects de la vie peuvent devenir une expérience d'apprentissage où vous découvrez des facettes de qui il est. Dieu a formé la création pour se révéler, et son désir d'être connu est si fort qu'il utilisera presque tout dans votre vie pour se révéler et vous façonner à son image si vous le recherchez.

Nous pensons que la rencontre avec Dieu est quelque chose de spectaculaire, comme la rencontre de Paul sur le chemin de Damas, mais le désir de Dieu de se révéler va bien au-delà de ce genre d'événements rares. La révélation ne doit pas nécessairement être spectaculaire. Dieu est beaucoup plus naturel que nous ne le pensons, et il aime se révéler dans l'ordinaire et le banal. Les foules ont contemplé Jésus en public pendant environ trois ans, mais la famille de Jésus l'a contemplé pendant trente ans dans la monotonie de la vie ordinaire d'un petit village d'Israël.

Lorsque Dieu s'est fait homme, il aurait pu vivre dans n'importe quel contexte, mais il a choisi de vivre une vie ordinaire, banale et cachée parmi un peuple dans un tout petit endroit sous occupation romaine. Dieu a choisi cela parce que cela lui plaisait. Il trouve du plaisir dans les petits endroits que nous négligeons et méprisons. Jésus a démontré le désir de Dieu de se révéler dans l'ordinaire, dans les rythmes apparemment insignifiants de la vie quotidienne.

Lorsque Dieu est venu en tant qu'homme, les gens l'ont contemplé 90 pourcents du temps dans l'ordinaire et le banal.

Nous sommes attirés par le spectaculaire, mais Dieu apprécie chaque aspect de la vie. En recherchant Dieu et en pratiquant « les moyens de grâce » que nous avons identifiés, vous commencerez à contempler Dieu dans pratiquement tous les aspects de votre vie. Même la douleur de nos vies peut devenir une occasion de découvrir Dieu.[2] Par exemple, lorsque vous êtes intensément frustrés par les défauts d'une autre personne, c'est le moment de réaliser à quel point Dieu a été patient avec vos propres défauts. Lorsque nous sommes blessés par d'autres personnes, c'est l'occasion de considérer la profonde douleur de Dieu, car il est la personne la plus maltraitée du cosmos.

Tout dans votre vie peut faire partie de l'expérience d'apprentissage de Dieu.

Dieu a intentionnellement conçu le temps présent pour se révéler et vous façonner à son image. En le recherchant, il ouvrira vos yeux et vous permettra de le voir partout. Vous découvrirez qu'il n'est pas aussi difficile à trouver que vous le pensez. Nos sens ont été émoussés par le péché et il nous est difficile de le voir. Cependant, grâce à l'action de l'Esprit, ils peuvent être transformés, et nous verrons alors que Dieu nous entoure et imprègne nos vies.

Dieu remplit sa création,[3] et il remplira votre vie. Il vous amènera à le contempler lorsque vous engagez le dialogue avec lui et lorsque vous vous détournerez des choses qui captivent votre attention. Il veut être connu, et il veut être vu - même dans les plus petits domaines de votre vie.

---

2. Cela ne signifie pas que nous pouvons contempler Dieu dans toutes les douleurs de nos vies. Nous ne devons pas utiliser le concept selon lequel Dieu fait tout concourir à notre bien (Romains 8 : 28-39) pour en faire une formule et par cela rechercher le « bien » dans chaque action mauvaise ou abusive.

3. Psaumes 19 : 2 ; 113 : 4-6 ; Actes 17 : 25 ; Colossiens 1 : 17 ; Hébreux 1 : 3.

24

TRANSFORMÉS PAR LA CONTEMPLATION

EN PRATIQUANT les différents « moyens de grâce » que Dieu nous a donnés, nous le contemplerons. Il est facile d'être attirés par des expériences hors du commun - et Dieu vous donnera probablement une poignée de moments extraordinaires dans votre vie, mais ces moments ne sont pas le but du discipulat. Nous trouvons le succès dans la transformation, pas dans des rencontres plus enthousiasmantes.

Le but de la contemplation de Dieu en tant que peuple communautaire, n'est pas de vivre des expériences plus palpitantes, mais c'est devenir comme Dieu.

Les humains ont été créés pour porter l'image de Dieu, ce qui signifie que nous sommes des créatures qui reflétons sa nature, son caractère et sa beauté.[1] Jésus est le seul être humain qui soit l'image parfaite et complète de Dieu :

Le Fils est l'image du Dieu invisible, le premier-né de toute la création (Colossiens 1 : 15).

---

1. Genèse 1 : 26 ; 5 : 1 ; 9 : 6 ; 1 Corinthiens 11 : 7 ; 15 : 47-49 ; Colossiens 3 : 10 ; Jacques 3 : 9.

Ce Fils est le rayonnement de la gloire de Dieu et l'expression parfaite de son être (Hébreux 1 : 3 - BDS).

Si nous voulons accomplir la raison de notre existence et porter l'image de Dieu, nous devons devenir comme Jésus qui est l'image humaine ultime de Dieu. Si nous concentrons notre vie à le contempler, nous deviendrons comme lui car, si nous sommes nés de nouveau par l'Esprit, contempler Jésus nous transforme à son image :

Aujourd'hui nous voyons au moyen d'un miroir, de manière peu claire, mais alors nous verrons face à face ; aujourd'hui je connais partiellement, mais alors je connaîtrai complètement, tout comme j'ai été connu (1 Corinthiens 13 : 12).

Mais vous êtes aussi ressuscités avec Christ: recherchez donc les réalités d'en haut, là où se trouve Christ, qui siège à la droite de Dieu. De toute votre pensée, tendez vers les réalités d'en haut, et non vers celles qui appartiennent à la terre. Car vous êtes morts, et votre vie est cachée avec Christ en Dieu. Lorsque Christ apparaîtra, lui qui est votre vie, alors vous paraîtrez, vous aussi, avec lui, dans la gloire. Et vous vous êtes revêtus de l'homme nouveau. Celui-ci se renouvelle pour être l'image de son Créateur afin de parvenir à la pleine connaissance (Colossiens 3 : 1-4, 10 - SEM).

Bien-aimés, nous sommes maintenant enfants de Dieu, et ce que nous serons un jour n'a pas encore été révélé. Mais nous savons que, lorsque Christ apparaîtra, nous serons semblables à lui parce que nous le verrons tel qu'il est (1 Jean 3 : 2).

Ils verront son visage et son nom sera sur leur front (Apocalypse 22 : 4).

Quelques versets après avoir exhorté les Corinthiens à être transformés en contemplant Jésus ensemble, Paul les a avertis que l'ennemi maintient les gens en esclavage en les empêchant de regarder Dieu en la personne de Jésus :

Si notre Evangile est encore voilé, il est voilé pour ceux qui périssent, pour les incrédules dont le dieu de ce siècle a aveuglé l'intelligence, afin qu'ils ne voient pas briller la splendeur de l'Evangile de la gloire de Christ, qui est l'image de Dieu. Nous ne nous prêchons pas nous-mêmes ; c'est Jésus-Christ le Seigneur que nous prêchons, et nous nous disons vos serviteurs à cause de Jésus. Car Dieu, qui a dit : La lumière brillera du sein des ténèbres ! a fait briller la lumière dans nos cœurs pour faire resplendir la connaissance de la gloire de Dieu sur la face de Christ (2 Corinthiens 4 : 3-6 – NEG).

Chaque être humain deviendra ce qu'il contemple. La restauration de la vocation de l'homme est liée à la contemplation de Jésus et à la transformation en l'image de ce que nous voyons.

Si vous faites ce qui suit de manière constante, individuellement *et* communautairement, en vous engageant à être transformés, *vous* verrez Jésus et deviendrez comme lui :

- Devenez un étudiant de la beauté de Jésus.
- Demandez à l'Esprit Saint de vous révéler Jésus.
- Méditez la Parole de Dieu, en cherchant la connaissance de Dieu.
- Chantez la Parole de Dieu.
- Valoriser le peuple de Dieu et vivez en communauté avec d'autres croyants.
- Gardez un rythme régulier de prière.
- Adoptez un style de vie de jeûne et un rythme de jeûne.

Ces pratiques sont des outils qui peuvent vous accompagner dans l'initiation à la contemplation. Le Nouveau Testament ne nous dit pas précisément comment l'Eglise primitive contemplait Dieu, mais il met l'accent sur la valeur de la contemplation, cette valeur est donc essentielle. Au fur et à mesure que vous la mettrez en œuvre, vous adopterez probablement de nouvelles pratiques communautaires et vous en adapterez d'autres. Il existe des modèles utiles que nous pouvons utiliser, mais ces modèles ne sont que des outils. Ils ne sont pas essentiels. La seule chose qui est essentielle, c'est que nous le contemplions ensemble et que nous soyons transformés à son image.

Nous ne devons pas minimiser le pouvoir de contempler la

beauté de Jésus, mais plutôt nous souvenir des paroles d'un père de l'Eglise :

La gloire de Dieu, c'est l'homme pleinement vivant. Si la révélation de Dieu, par la création, apporte déjà la vie à tous les êtres vivants sur la terre, combien la manifestation du Père par la Parole apportera-t-elle encore plus la vie à ceux qui voient Dieu.[2]

2. Irénée de Lyon, *Contre les hérésies*, (IV,20, 7).

25

DES COMMUNAUTÉS QUI CONTEMPLENT

L'ÉGLISE locale est conçue par Dieu pour être une communauté qui contemple Dieu ensemble.

Les humains sont faits pour vivre en communauté parce que Dieu lui-même vit en communauté, mais la communauté n'a jamais été conçue pour devenir un but en soi. Lorsqu'elle devient notre objectif, nous devenons égocentriques et notre désir de satisfaction ne peut être assouvi. Lorsque nous faisons de la communauté notre but ultime, nous pouvons avoir une vie sociale très remplie, mais être incroyablement seuls et insatisfaits.

L'expérience communautaire la plus profonde se produit lorsque des gens se rassemblent autour de quelque chose de plus grand qu'eux. Lorsqu'ils engagent pleinement leur vie dans une cause qui les dépasse, ils découvrent entre eux, une intimité unique et choisissent volontairement de faire des sacrifices importants. Par exemple, les personnes qui défendent ensemble leur pays pendant la guerre font l'expérience d'une communion intime et profonde au sein de leur unité, qui ne se reproduit pas ultérieurement en « temps de paix ». L'expérience d'être unis dans une cause plus grande que soi avec un engagement absolu (même jusqu'à la mort), crée l'expérience communautaire la plus profonde.

Une église qui est centrée sur la communauté ne produira jamais une véritable intimité, ni un amour profond, ni un don de soi hors du commun, ni un sens de destinée, c'est pourquoi la contemplation doit être au centre de nos églises.

Trop d'églises sont centrées sur elles-mêmes. Elles sont centrées sur la communauté et tentent de poursuivre une destinée commune et un objectif inatteignable de relations profondes les uns avec les autres par des moyens égocentriques. La réponse, à cette situation, est d'arrêter de se centrer sur nous-mêmes de manière égocentrique et de se recentrer sur la contemplation de quelqu'un de plus grand. En faisant cela, nous libérerons une expérience de communion que beaucoup n'ont jamais connue.

L'imitation

L'apprentissage et le développement humains sont basés sur l'imitation. L'exemple le plus évident est la façon dont les enfants imitent leurs parents, mais les gens, dans tout environnement social, s'imitent les uns les autres. Si nous considérons l'éducation comme un processus intentionnel, la grande majorité de l'apprentissage humain se fait par imitation. Nous sommes ainsi faits que nous apprenons, dans tous les domaines de la vie, par l'imitation. Nous sommes donc transformés principalement en contemplant la personne de Jésus et en l'imitant.

L'apprentissage n'est pas seulement imitatif, il est aussi relationnel. Lorsque nous contemplons Jésus, nous expérimentons également sa présence par l'Esprit et par les autres « moyens de grâce » que nous avons déjà identifiés. Avec le temps, non seulement nous découvrons qui est Jésus, mais nous développons aussi une relation avec lui. Les plus grandes transformations humaines passent par la relation, et il doit en être de même pour le discipulat. Nous devons avoir une relation avec Jésus par l'Esprit *et* une relation avec les autres. Les deux sont rendues possibles par le même Esprit, et lorsque nous développons ces deux choses, nous contemplons Jésus ensemble, notre pensée est alors transformée.

La primauté de l'imitation dans l'apprentissage humain, doit également guider notre compréhension du leadership dans l'Eglise. Comme le note un spécialiste de l'époque paulinienne :

Nous apprenons à ressembler à nos responsables... en les copiant. L'apprentissage est imitatif. En formulant ce point de manière un peu plus technique, nous pourrions dire que le cœur d'une communauté en accord avec la volonté de Dieu est « mimēsis », le terme grec pour copier ou imiter. Apprendre comment établir de bonnes relations avec des leaders qui suivent Jésus assidûment, c'est leur ressembler davantage, et la manière la plus rapide et la plus facile d'y parvenir n'est pas tant de lire un livre sur eux ou écrit par eux ou encore de recevoir un ensemble d'instructions formelles de leur part - bien que cela puisse être utile en cas de besoin – mais plutôt de les imiter directement et personnellement. Un apprentissage efficace consiste essentiellement à s'asseoir aux pieds de ceux qui communiquent mieux que nous, et d'apprendre de ces sages comment le faire en les imitant... Nous apprenons en marchant dans les pas de nos enseignants qui nous précèdent. Et cela n'est pas difficile à comprendre. Tous les parents d'adolescents savent déjà que les adolescents ne font pas ce que vous dites, ils font ce que vous faites. Et Paul le savait aussi.

Paul déclare explicitement à plusieurs reprises, puis sous-entend partout, que ses convertis doivent imiter ceux qui les conduisent. Nous sommes appelés à imiter. En fait, nous nous imitons les uns les autres tout le temps. Mais Paul est bien sûr particulièrement soucieux de voir les gens l'imiter ! Les exhortations à l'imiter, lui et ses disciples de confiance, parsèment ses lettres.[1]

Nous apprenons par imitation, plus encore que par la transmission d'informations :

L'apprentissage par imitation est très profondément ancré dans l'histoire de l'humanité, même si ses processus sont peu connus. Il fait partie intégrante de notre développement et nous pouvons voir ses puissants effets, chaque jour, tout autour de nous. Paul affirme

---

1. Douglas A. Campbell, *Pauline Dogmatics: The Triumph of God's Love* (Grand Rapids, MI: William B. Eerdmans Publishing Company, 2020), 225-226.

donc intuitivement notre nature radicalement relationnelle et l'importance du processus d'apprentissage par imitation qui en résulte.[2]

Ces concepts apparaissent tout au long des lettres de Paul. Paul a appris à imiter Jésus, et il a appelé ses disciples à l'imiter : [3]

> *En effet, même si vous aviez 10'000 maîtres en Christ, vous n'avez cependant pas plusieurs pères, puisque c'est moi qui vous ai donné la vie en Jésus-Christ par l'Evangile. Je vous en supplie donc : soyez mes imitateurs (1 Corinthiens 4 : 15-16).*
>
> *Soyez mes imitateurs, comme je le suis moi-même de Christ (1 Corinthiens 11 : 1).*

Paul a demandé à ses disciples de l'imiter d'une manière spécifique : Il leur a demandé de l'imiter *comme il suivait le Christ*. Le leadership biblique est enraciné dans l'imitation de Jésus. Paul ne voulait pas que ses disciples imitent ses capacités ou ses dons humains, il voulait qu'ils imitent Jésus. Paul ne se contentait pas de transmettre des informations, il démontrait un mode de vie afin que ceux qui le suivaient puissent contempler Jésus.

La question n'est pas de savoir si une personne est naturellement douée ou si elle possède des attributs humains dignes d'être imités ; la question à laquelle un responsable doit répondre est la suivante : « Suivez-vous Jésus d'une manière qui soit digne d'être imitée ? Jésus exprime-t-il sa vie au travers de vous d'une manière qui soit digne d'être imitée ? » Paul n'a pas dit : « Apprenez de moi. » Il a dit : « Suivez-moi. »

A bien des égards les responsables ne seront pas à la hauteur, et nous ne devrions donc pas leur imposer des normes déraisonnables. Mais si quelqu'un veut diriger, une expression de la vie de Jésus doit couler à travers lui et elle doit être, par conséquent, digne d'être imitée. Si nous établissons des responsables sur toute autre base,

---

2. Douglas A. Campbell, *Pauline Dogmatics*, 229.

3. Voir aussi Ephésiens 5 : 1 ; Philippiens 3 : 17 ; 1 Thessaloniciens 1 : 6 ; 2 Thessaloniciens 3 : 9 ; Hébreux 6 : 12.

nous suivons le concept de leadership humain du monde, et ce paradigme ne peut pas produire la vie de Dieu dans une communauté locale.

Paul a appelé les congrégations à imiter d'autres personnes qui marchaient comme lui. Le leadership par l'exemple n'est pas propre à la situation de Paul :

Vous-mêmes, vous êtes devenus nos imitateurs et ceux du Seigneur . . . (1 Thessaloniciens 1 : 6).

Les responsables ne sont pas seulement mis en place pour transmettre de l'information, bien qu'ils doivent être capables d'enseigner.[4] La communauté ecclésiale doit apprendre à connaître Jésus par ses responsables. Ils doivent représenter Jésus auprès de la congrégation et ne pas se contenter d'enseigner des concepts. L'influence et le ministère d'un leader doivent amener l'assemblée à voir Jésus dans ce dernier, puis, à le voir plus pleinement par l'Esprit. Si elle veut voir Jésus dans ses responsables, ces derniers doivent être des personnes qui s'engagent à voir Jésus et à lui permettre de les transformer à son image.

Le paradigme de l'imitation illustre la raison pour laquelle le leadership, dans l'Eglise, est une chose beaucoup plus sérieuse que nous ne le pensons. Si vous êtes un responsable, vous avez été établis pour que les gens puissent contempler Jésus en vous, et votre ministère devrait les amener à le contempler plus pleinement.

Du fait que les congrégations apprennent par imitation et que Dieu veut que le peuple devienne comme son Fils, les responsables doivent aussi suivre leur propre processus de discipulat et permettre à l'Esprit de les rendre semblables à Jésus. Ils devraient être des démonstrations de Jésus en chair et en os, car Dieu veut que son peuple rencontre son Fils dans les responsables de son Eglise. Ils ne doivent pas être parfaits ou pleinement matures, mais ils doivent consciemment et activement permettre à l'Esprit de les transformer

---

4. 1 Timothée 3 : 3.

en modèles digne d'imitation. Ils seront des exemples imparfaits de Jésus, mais ils doivent être authentiques et dignes d'être imités.

Avant de vous engager avec enthousiasme dans un poste de responsabilité, répondez à la question suivante : *Acceptez-vous que l'Esprit vous transforme à la ressemblance de Jésus ?* Voulez-vous aimer comme il a aimé ? Etes-vous prêts à être incompris comme il l'a été ? Voulez-vous être patients avec vos ennemis et vos disciples immatures ? Etes-vous prêts à accepter la souffrance ? Voulez-vous devenir une manifestation de Jésus pour le peuple de Dieu ou seulement enseigner des principes sur Jésus ?

Jésus n'est pas une inspiration morale pour nous ; il est un modèle fait pour être reproduit dans nos propres corps.

Se contenter de donner des messages inspirés qui pointent vers Jésus ne suffit pas pour refléter le leadership biblique. En savoir beaucoup sur Jésus est également insuffisant. L'Eglise ne peut pas arriver à maturité en utilisant les paradigmes de leadership du monde car une entreprise et une église ne sont pas la même chose. Le christianisme du Nouveau Testament exige un paradigme de leadership basé sur l'imitation de Jésus.

Les communautés ecclésiales sont transformées par l'imitation, et elle doit commencer par la contemplation de Jésus. Paul a appelé ses disciples à l'imiter pour qu'ils apprennent à Le connaître. *Si les gens vous imitent, vont-ils apprendre à connaître Jésus ou simplement vous connaître vous ?* Les gens peuvent-ils vous imiter ou simplement apprendre de votre enseignement ? Les gens apprennent principalement par l'imitation, il ne suffit donc pas qu'un responsable soit bien formé. Ce leader doit être capable de communiquer Jésus.

Lorsque nous recherchons des responsables, nous cherchons généralement les personnes les mieux formées et les plus douées, mais nous avons besoin de responsables que nous pouvons imiter avec confiance lorsqu'ils suivent Jésus.

Le discipulat biblique

Contempler Dieu *doit* être le point central du discipulat. Vous adopterez probablement des rythmes, des habitudes ou des disciplines spécifiques pour le faciliter, mais quoi que vous adoptiez, cela doit être conçu pour vous permettre, à vous et à vos disciples, de contempler Dieu. En tant que communauté ecclésiale, vous devriez soigneusement développer votre rythme de vie ensemble afin qu'il mène à la contemplation. Chaque aspect du ministère dans l'Eglise devrait découler de la contemplation et devrait conduire les gens à la contemplation.

L'expression de la vie commune en tant qu'église peut varier considérablement. Les services et les réunions peuvent être structurés différemment selon les contextes. *La contemplation n'est pas un modèle, c'est une valeur.* Le Nouveau Testament nous donne beaucoup de liberté dans la manière de structurer nos réunions et nos rencontres, mais nos activités doivent être conçues pour permettre la contemplation. Les structures peuvent être utiles, mais elles ne peuvent pas devenir l'objectif. Le but est de contempler l'Homme divin.

Israël a reçu une structure d'adoration ordonnée par Dieu, mais il s'est tragiquement éloigné de la valeur de la contemplation. Leur adoration est devenue une observance sans ferveur ayant pour but d'obtenir la bénédiction de Dieu, et cette approche était si répugnante pour Dieu qu'il a mis Israël au défi d'arrêter le rythme de l'adoration qu'il avait lui-même ordonné.[5] *Les structures sont utiles, mais les valeurs sont la clé.*

Le comportement et l'autodiscipline sont très importants, mais ils ne sont pas la mesure du succès. Le discipulat est réussi lorsque nous devenons comme Dieu. Nous ne pouvons pas seulement nous contenter d'un comportement moral. Le discipulat est un processus, et le Seigneur est incroyablement patient, même lorsque nos progrès semblent très lents. Il ne nous condamne pas et ne se décourage pas, mais nous ne devons pas nous satisfaire d'autre chose que de la

---

5. Malachie 1 : 10.

transformation des personnes à l'image de Dieu. Dans ce temps présent, nous refléterons l'image de Dieu de manière limitée et incomplète, et nous devons faire preuve de patience à cet égard, mais nous pouvons authentiquement devenir semblables à Dieu.

Dans de nombreuses communautés ecclésiales, le discipulat a été réduit à l'enseignement. Les gens font des études bibliques et considèrent que c'est du discipulat, mais ce n'est pas le cas. Il s'agit d'informations et de formations. L'apprentissage de la Bible est précieux, mais il n'est efficace que s'il conduit à une transformation. Les gens ne sont pas disciplulés parce qu'ils savent ce qu'est le christianisme. Ils sont disciplulés lorsqu'ils deviennent comme Dieu. Nous ne pouvons pas abaisser la définition du discipulat, sinon nous priverons Dieu de ce qu'il veut : une communauté de personnes engagées dans un processus de transformation afin de devenir comme lui. L'Eglise n'est pas un rassemblement de personnes qui a reçu des informations sur Dieu - elle est un peuple qui est en train d'être formé à son image.

Le caractère de Dieu se révèle principalement par ce qu'il fait et par la manière dont il interagit avec sa création. De la même manière, notre caractère est principalement formé et révélé par la façon dont nous vivons ensemble. Nous ne devons pas critiquer le temps que le processus de transformation prend, Dieu prend pleinement plaisir en nous tout au long de celui-ci. Mais nous devrions nous efforcer d'avoir comme but la transformation.

L'importance du témoignage est telle que Paul était le messager le plus connu du Nouveau Testament mais apparemment pas le meilleur prédicateur. Il y a même eu des moments où Paul a décidé d'éviter les discours puissants afin que la puissance de Dieu puisse être révélée au travers de sa personne.[6]

Un rythme de vie

Nous devons examiner attentivement nos rythmes de vie en tant qu'individus, familles et communautés ecclésiales et nous demander :

---

6. 1 Corinthiens 2 : 1, 3-5.

Mon mode de vie maximise-t-il mes opportunités de voir Jésus, et me conduit-il à devenir comme lui ?

C'est le rythme de vie et la vie en communauté qui transforment le plus les gens. Par exemple, un enfant apprend à devenir une personne en vivant en communauté et en l'imitant. En l'observant, il se transforme. C'est la méthode fondamentale de développement de l'être humain, et elle s'étend également à la vie spirituelle.

On n'enseigne pas la culture aux gens, on l'apprend en s'y immergeant. Si vous grandissez dans une certaine culture, vous refléterez cette culture dans tous les domaines de votre vie. Vous trouverez certaines choses amusantes, adopterez certaines manies et formerez certaines valeurs, non pas parce qu'on vous les aura enseignées, mais parce que vous aurez été immergés dans cette culture. Si vous recevez seulement des informations sur une nouvelle culture mais que vous n'êtes pas immergés dans celle-ci, lorsque vous tenterez de l'imiter, ce sera très maladroit. Si vous voulez que les gens apprennent une nouvelle culture, ils doivent y être immergés sur une longue période. Ils ne changeront pas soudainement, mais au fil du temps, ils l'adopteront inconsciemment, et leurs comportements et leurs valeurs seront transformés.

L'information ne suffit pas pour transformer les gens. La transformation nécessite un contexte. Ce contexte est l'Eglise. C'est le lieu où la culture biblique est manifestée. Lorsque nous sommes immergés dans cette culture, nous sommes transformés, le discipulat biblique doit donc avoir lieu dans une communauté.

Dans de nombreux cas, notre christianisme est maladroit parce que nous avons reçu seulement des informations sans les vivre ensemble en communauté. Nous savons ce que dit la Bible, mais nous n'avons pas laissé la Bible façonner nos vies complètement, et nous essayons de vivre les commandements des Ecritures sans le contexte qui façonne cette obéissance. *Nous devons adopter la culture biblique comme culture d'origine.* En remodelant notre rythme de vie ensemble, nous constaterons que la culture qui en résulte accélère notre transformation et nous permet de devenir davantage comme Jésus.

De nombreux aspects de votre vie actuelle sont le reflet des contextes dans lesquels vous êtes immergés. Il y a des aspects de votre vie que vous ne pouvez pas choisir, mais si vous voulez être transformés, vous devez prendre des décisions avec les aspects de votre vie que vous pouvez contrôler. Votre rythme de vie actuel déterminera qui vous serez dans dix ans. Si vous façonnez intentionnellement votre rythme de vie individuel et communautaire, vous ressemblerez davantage à Dieu dans dix ans que vous ne l'êtes aujourd'hui et vous le connaîtrez plus intimement que vous ne le connaissez actuellement.

La dimension la plus puissante pour mettre en place un rythme de vie, c'est de le faire ensemble en tant que communauté :

1. Lorsqu'une communauté vit avec un certain rythme de vie, ce rythme la transforme et crée une culture.
2. Lorsqu'une communauté vit avec un certain rythme de vie, elle devient un témoin et une preuve de la réalité des choses pour lesquelles elle vit.
3. Lorsqu'une communauté vit avec un certain rythme de vie, elle crée un contexte propice pour l'activité de l'Esprit Saint, et la communauté prend une dimension supérieure à l'individualité.

Les rythmes d'une communauté ne se résument pas à une simple énumération de tâches servant à évaluer qui est saint et qui ne l'est pas. Ils représentent plutôt un mode de vie qui façonne notre culture. Pour être transformée par une culture, une personne doit y être immergée ; ainsi, nos églises devraient créer des environnements accueillants propices à l'épanouissement des individus au sein d'un processus de croissance. Nos rythmes de vie doivent être accueillants pour ceux qui sont en recherche, pour les nouveaux croyants et pour les croyants matures. Nous ne considérons pas les enfants comme des échecs parce qu'ils n'imitent pas encore tous les aspects de notre culture. Nous les incluons avec joie dans nos familles, sachant qu'ils ont besoin d'être immergés dans notre culture pour être façonnés par elle.

Nos rythmes devraient également nous permettre d'explorer un engagement de plus en plus radical et une dévotion de plus en plus profonde. Nos rythmes de vie communautaire devraient être suffi-samment souples pour qu'un nouveau croyant se sente le bienvenu, qu'une mère de jeunes enfants se sente bien acceptée dans les limites de son emploi du temps, et qu'un autre croyant, disposant de plus de temps, puisse se consacrer à Jésus de manière radicale sans jamais avoir le sentiment d'être « arrivé ».

26

CONTEMPLEZ JÉSUS ET DEVENEZ COMME LUI

LA CONTEMPLATION AFFECTE chaque domaine de votre vie :

- Nous devrions enseigner les gens à contempler Jésus.
- Nous devrions chanter pour que les gens contemplent Jésus.
- Nous devrions prier en contemplant Jésus.
- Nous devrions diriger des petits groupes afin qu'ils contemplent Jésus.
- Nous devrions évangéliser pour que les gens contemplent Jésus.
- Nous devrions envisager la relation d'aide et le pastorat de telle manière que les gens trouvent leur solution dans la personne de Jésus.
- Nous devrions éduquer les enfants afin qu'ils apprennent à contempler Jésus.
- Nous devrions établir des relations avec les autres afin qu'ils voient Jésus en nous.
- Nous devrions devenir des manifestations vivantes de Jésus.

Votre méthodologie de discipulat conduit-elle les gens à contempler Jésus ? Les ministères-dons dans votre église conduisent-ils les gens à contempler ? Nous avons l'habitude d'enseigner aux gens comment se comporter, mais nous devons leur apprendre à contempler.

Votre église a-t-elle un rythme de contemplation communautaire de Jésus ? Le discipulat requiert un engagement individuel, mais ce n'est pas une discipline individuelle ou privée. Le discipulat est une expérience collective de la communauté. Contempler Jésus doit se faire en groupe et non en privé. Il existe de nombreuses manières de contempler Jésus, ce qui n'exige pas une certaine structure, mais contempler Jésus devrait être l'objectif de nos rassemblements communautaires. Que nous chantions, prêchions ou témoignions de ce que Dieu fait dans la communauté, peu importe, tout cela peut mener à la contemplation.

Votre méthodologie de discipulat enseigne-t-elle aux gens à devenir comme Jésus ? C'est une chose d'enseigner aux gens de se comporter comme Jésus, mais ce n'est pas l'Evangile. Il est possible de mener une vie morale sans être comme Jésus. L'Evangile n'est pas un appel à se comporter comme Dieu, mais à devenir comme Dieu.

Le passage à la contemplation est un changement de valeurs, pas nécessairement d'activités. De nombreuses personnes sont à la recherche d'une nouvelle méthodologie qui changera tout, mais les nouveaux modèles n'apportent que des changements superficiels. Les nouvelles structures et méthodes peuvent être des outils utiles, mais elles ne sont pas la solution. *Nous devons examiner tout ce que nous faisons et réorienter nos valeurs.* Certaines activités changeront, d'autres non, et l'Eglise grandira en profondeur à mesure que nous réorienterons la façon dont nous vivons pour contempler Jésus et devenir comme ce que nous contemplons.

Mon ami Andrew Tam le dit bien :

Arrêtez de me dire comment m'améliorer. Parlez-moi de la beauté de Jésus. Je suis prêt à faire n'importe quoi par amour si je suis suffisamment épris.

REMERCIEMENTS

Merci à mon épouse dont le travail et les sacrifices nous permettent de nous engager dans la tâche que le Seigneur nous a confiée.

Merci à toute la famille d'avoir enduré le processus qui a produit le message contenu dans ce livre.

Merci à tous ceux qui ont investi des efforts dans mon propre discipulat. Je vous dois plus que ce que je ne pourrai jamais vous donner en retour.

Merci à Jason Chua et à la communauté de Burning Hearts. Lorsque nous avons dédié votre salle de prière à 66KB, le Seigneur a attiré notre attention sur 2 Corinthiens 3 : 18, et ce livre en est le résultat.

Merci à Edie Mourey pour son travail sur ce manuscrit.

Merci à l'équipe de prière qui a fidèlement intercédé pour ce livre. Le Seigneur a libéré sa grâce en réponse à vos prières.

www.ingramcontent.com/pod-product-compliance
Lightning Source LLC
Chambersburg PA
CBHW060131130626
46556CB00006B/2314